リスクマネジメント論
トレーニング

鴻上喜芳［著］

創成社

まえがき

　あなたは，リスクが好きでしょうか，嫌いでしょうか。リスクはできれば避けて通りたいという人が大半かもしれません。その際に念頭にあるリスクは，たぶん死亡リスク，病気・ケガのリスク，自然災害のリスクなどでしょうから，避けたいのは当然でしょう。しかしながら，最新のリスクマネジメントに関する国際規格ISO31000が定義するリスクはかなり趣が違います。その定義は，「目的に対する不確かさの影響」です。企業をはじめとする組織は，目的（目標）をもって事業活動を行っていますが，その結果は通常目標通りとはならず，上振れしたり，下振れしたりします。たとえば，年間利益1億円を目標としていた場合，1億2,000万円の利益となった場合は上振れ，5,000万円の利益にとどまった場合は下振れです。下振れの場合，ゼロを超えて赤字1,000万円になることもあります。こういった目的に対する結果の変動度合いのことをリスクと言っているのです。なお，リスクマネジメントの定義は「リスクについて，組織を指揮統制するための調整された活動」です。

　「虎穴に入らずんば虎児を得ず」ということわざがあります。このことわざはリスクを理解するための優れた例を提供しているように思えます。あなたなら，穴に入るでしょうか？　あれこれ考えても仕方ないから飛び込んでみるとか，怖いからやめておくとかいうのであれば，リスクマネジメントできているとはいえないでしょう。

　この場合，目標設定から考えねばなりません。猟師の生計を立てるためには虎の子でなく鹿の子や猪の子でよいかもしれないからです。しかし，猟師はどうしても高値で取引される虎の子がほしいと目標設定したとしましょう。穴に入るのはリスクテイク，入らないのはリスク回避といえます。入らなければ，利益ゼロで下振れリスクが確定しますが，マイナスの損害は発生していません。穴に入った場合，予定通り虎の子を1匹獲得したら結果中立，虎の子が双子なら結果の上振れといえます。生きた虎の子を予定していたのに死んだ虎の子を獲得したなら結果の下振れです。下振れはこれにとどまらず，母虎に襲われ，ケガをするとか食い殺されるということになれば，利益マイナスの下振れです。

　下振れリスクを極小化して目標以上の成果を出すにはどうしたらよいのでしょうか。たとえば，危険の源である母虎を外におびき出してから穴に入るのは，「リスク源除去」といいます。母虎に襲われてもケガをしないように鋼鉄製の甲冑を着て中に入るのを「損

失低減」といいます。万一ケガしたり死亡したりしたときのために保険に入っておくのは「リスクファイナンス」です。また，穴に入ることをやめ，虎の通り道にわなを仕掛けて虎を生け捕るなど抜本的に考えを改めた戦略もあるでしょう。リスクを忌み嫌うことなく，リスクをとり，かつリスクマネジメントをしっかり行った猟師のみが，貴重な虎の子を得て，ひょっとすると双子の虎の子を得て，生涯幸せに暮らすこととなるのでしょう。このように，リスクマネジメントは，単に損失の極小化のために活用するというだけでなく，経営戦略の下振れリスクを小さくして組織目標を達成するために活用することができるように，ダイナミックに変貌しつつあります。

　多くの学生は就職して企業人となります。企業は，損失リスクを放っておいては企業価値減少につながりますから，損失リスクを洗い出し，評価，処理する活動を行っています。これらの活動はひとりリスクマネジメント担当部署が行うのではなく，全社員がかかわっていかなければなりません。つまり，企業人はすべからくリスクマネジメントにかかわっているわけであり，経済学部を卒業する学生には企業人として最低限必要なリスクマネジメント・保険の知識を修得してもらいたいと考えています。さらに，もう少し中堅になって企業の経営目標達成に責任をもつようになれば，下振れリスク回避のためにやはりリスクマネジメントを活用して成果を上げてもらいたいと思います。

　本書は，企業のリスクとそのマネジメントについて，学生の皆さんに修得しておいてもらいたいエッセンスをまとめたものであり，さらに設問に解答することでその理解度をチェックできるようにしています。ぜひリスクとリスクマネジメントの基礎知識を本書で修得してもらいたいと思います。

　最後に，本書の出版にご尽力いただいた創成社出版部の西田徹氏に感謝の意を表したいと思います。

2013年6月

鴻上喜芳

目　次

まえがき

Chapter 1　リ　ス　ク ───────────────────────── 1
 1　リスクの意味　1   2　Risk の語源　2
 3　エクスポージャー　2   4　ペリルとハザード　2
 5　リスクの分類　6   6　リスクの定義の変遷　7

Chapter 2　ISO31000（概要，序文，定義） ─────────────── 9
 1　ISO31000とは　9   2　ISO31000開発の経緯　9
 3　ISO31000の特徴　10   4　JISQ2001との関係　10
 5　序　文　11   6　リスクの定義　13
 7　リスクマネジメントの定義　15

Chapter 3　ISO31000（原則，枠組み，プロセス） ─────────── 17
 1　ISO31000の概念図　17   2　原　則　18
 3　枠組み　23   4　プロセス　25

Chapter 4　リスクアセスメント ───────────────────── 27
 1　リスクアセスメント　27   2　リスク特定　28
 3　リスク分析　30   4　リスク評価　32

Chapter 5　リスク対応 ───────────────────────── 33
 1　伝統的リスクマネジメントのフロー　33 2　リスクコントロール　34
 3　リスクファイナンス　35   4　リスクマトリクスとリスク対応　36
 5　リスク対応の選択肢　37

Chapter 6　リスクファイナンス ────── 39
　　1　リスクファイナンスとは　39　　2　保　険　39
　　3　ART　41

Chapter 7　内部統制とリスクマネジメント（米国） ────── 45
　　1　エンロン事件　45　　2　米国のその他の不正会計事件　46
　　3　エンロン事件への米国の対応　46　　4　米国企業改革法（SOX 法）　47
　　5　COSO 内部統制フレームワーク　47　　6　COSO-ERM　49

Chapter 8　内部統制とリスクマネジメント（日本） ────── 53
　　1　会　社　法　53　　2　金融商品取引法（日本版 SOX 法）　55
　　3　内部統制・リスクマネジメント関連の指針　56　　4　米国の指針との関係　59

Chapter 9　コーポレートガバナンス・コンプライアンスと
　　　　　　　リスクマネジメント ────── 61
　　1　コーポレートガバナンス　61　　2　コンプライアンス　63

Chapter 10　社会的責任（CSR）とリスクマネジメント ────── 69
　　1　CSR とは　69　　2　ISO26000　70
　　3　中核課題の背景　71　　4　CSR 報告書　72
　　5　SRI　74　　6　CSR 調達　74
　　7　CSR とリスクマネジメント　74

Chapter 11　危機管理 ────── 77
　　1　危機管理マニュアル　77　　2　危機対策本部の設置　78
　　3　危機管理広報　79

Chapter 12　事業継続マネジメント（BCM） ────── 85
　　1　BCM とは　85　　2　防災と BCP との違い　86
　　3　ISO22301　86　　4　ISO22301 の位置づけ　90
　　5　BCM 関連の国内ガイドライン　91

Chapter 13　財物リスクマネジメント ───────── 93

　　1　火災・爆発リスク　93　　　　2　風水災リスク　95
　　3　地震リスク　96　　　　　　　4　落雷リスク　97
　　5　盗難リスク　98　　　　　　　6　財物リスクのリスクファイナンス　99

Chapter 14　製品安全リスクマネジメント ───────── 101

　　1　製造物責任リスク・リコールリスク　101　　2　製品安全・適正表示（ロスコントロール）　101
　　3　PL, リコールリスクのリスクファイナンス　105

Chapter 15　品質表示リスクマネジメント ───────── 107

　　1　はじめに　107　　　　　　　2　赤福の食品偽装　108
　　3　製紙各社の環境偽装　111

参考文献　115

Chapter 1

リスク

❶ リスクの意味

　リスク（risk）という言葉は，一般に「結果が不確実な状況」を意味しますが，①損失のみならず収益の発生をも想定している場合と，②損失のみが発生することを想定している場合があります。経済学や統計学においては，リスクは「期待値まわりの変動性」すなわち結果のばらつき度合を意味するものとして使用されており，この場合の結果は損失と収益の双方を想定し，かつ上振れ・下振れ双方を想定しています。保険関係では，リスクは「損失の期待値」を意味するものとして使用され，この場合の結果は損失だけを想定しています。保険は，損失が出た場合の経済的復旧を目的とした制度であることから，収益が出た場合のことは想定する必要がないためといえます。

　なお，リスクマネジメントの国際規格であるISO31000は，リスクを①の意味で定義しています。

設問1

　私たちが日常でよく使用しそうな次の用例では，リスクをどちらの意味で使用しているか，①②で答えなさい。

（1）株式投資は国債投資よりもリスクが高い	
（2）高台よりも川岸の方が洪水のリスクが高い	

❷ Risk の語源

　Risk は，ラテン語の risicare を語源としており，そのもともとの意味は「岩山を縫って航行する」というものです。risicare すれば，岩山に衝突して船が破損したり，積荷が水没したりするという危険を伴いますが，遠回りせず最短経路をとることによって，商機を得て大儲けする可能性があるということでしょう。よく企業経営者が使う「リスクをとる」との表現は，risicare の精神と同じといえます。

❸ エクスポージャー

　リスクという言葉は，このように幅広い意味をもつので，保険関係においては，「損失の期待値」を表現するのに，しばしばリスクに代えて，エクスポージャー（exposure）を使用します。expose は「暴露する，曝されている」との意味なので，エクスポージャーの意は「危険にさらされていて，損失が発生する可能性がある」ということです。

❹ ペリルとハザード

　リスクもエクスポージャーも，「損失が発生する可能性がある」という極めて広い概念ですが，損失に至るまでにはさまざまな危険が介在しています。リスクの関連概念として，英語では，ペリル（peril）とハザード（hazard）があり，区別して使用されています。
　ペリルとは，損失の原因となる事故を指し，たとえば交通事故では，衝突です。
　ハザードとは，ペリルが発生する可能性を作ったり高めたりする要因（生起要因）や，損害の規模を拡大する要因（拡大要因）をいいます。たとえば交通事故では，道が凍結していたとか，よそ見をしていたなどは生起要因ハザードであり，シートベルトをしていなかったなどは拡大要因ハザードです。

ペリルの分類

自然的危険	火災,爆発,地震,暴風
人為的危険	暴行,窃盗,過失,詐欺
経済的危険	不況,インフレ,戦争

ハザードの分類

物理的ハザード	建物の老朽化,道路の見通しが悪い
モラルハザード（moral hazard）	保険金殺人,放火,詐欺的勧誘
モラールハザード（morale hazard）	不注意,気の緩み

設問2

リスクマネジメントにおけるハザード概念について説明しなさい。

エクスポージャー（リスク）の構造

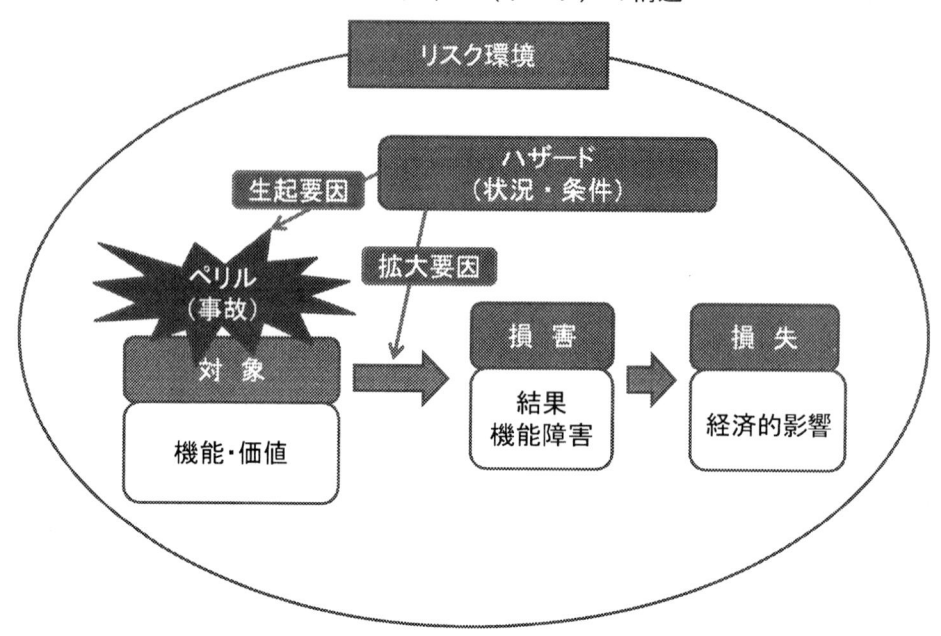

［図：リスク環境の中に、ハザード（状況・条件）から生起要因としてペリル（事故）へ、また拡大要因として損害へ矢印が伸びる。対象（機能・価値）→損害（結果・機能障害）→損失（経済的影響）の流れ。］

出典：下和田功編『はじめて学ぶリスクと保険』をもとに作成。

設問3

火災事故を想定して，生起要因ハザードと拡大要因ハザードの例をそれぞれ3つあげなさい。

（1）生起要因ハザード	・ ・ ・
（2）拡大要因ハザード	・ ・ ・

設問 4

　自動車の「ハザードランプ」はなぜこのような名称となっているのか，エクスポージャーの構造を念頭に，用語「ペリル」「ハザード」「エクスポージャー」を使用して，説明しなさい。

❺ リスクの分類

リスクについては、さまざまな分類方法がありますが、代表的なものは次の2つです。

(1) 純粋リスクと投機的リスク

一般に、純粋リスクは保険可能ですが、投機的リスクは保険不能です。

分類	意味	例
純粋リスク	損失のみを発生させるリスク	火災・爆発、地震・風水害、自動車事故、詐欺、盗難など
投機的リスク	損失・収益双方があるリスク	景気変動、為替変動、金利変動、株価変動、新商品開発、法規制の変更

(2) 静態的リスクと動態的リスク

分類	意味	影響
静態的リスク	変動しない社会・経済においても発生するリスク	個人または多くても少数に影響
動態的リスク	社会・経済が変化するときに発生するリスク	一般に影響が広範囲に及ぶ

❻ リスクの定義の変遷

リスクの定義は，マイナスの結果のみを扱うという定義から，プラスの結果・マイナスの結果ともに扱い，かつプラスの方向・マイナスの方向双方への乖離を扱うという定義に移行してきています。

	規格	公表年	リスクの定義
日本	JISQ2001	2001年	事態の確からしさとその結果の組合せ，または事態の発生確率とその結果の組合せ 解説：「その事態が引き起こす結果」は，組織にとって好ましくない影響だけを扱っている。
米国	COSO ERM フレームワーク	2004年	Risk：目標達成に悪影響を及ぼす可能性のある事象 Opportunities：目標達成にプラスの影響を及ぼす可能性のある事象
ISO	ISO/IEC Guide 73	2002年	「事象の発生確率と事象の結果の組み合わせ」 用語"Risk"は，一般に少なくとも好ましくない結果を得る可能性がある場合にだけ使用される。（備考1）
	ISO Guide 73	2009年	目的に対する不確かさの影響 注記1　影響とは，期待されていることから，好ましい方向及び／又は好ましくない方向に乖離することをいう。

CHECK LIST
チェックリスト

- ☐ リスクの意味を理解しましたか。
- ☐ ペリルとハザードについて理解しましたか。
- ☐ 生起要因ハザードと拡大要因ハザードについて理解しましたか。
- ☐ エクスポージャーの構造を理解しましたか。
- ☐ リスクの分類を理解しましたか。
- ☐ リスクの定義の変遷を理解しましたか。

memo

Chapter 2
ISO31000（概要，序文，定義）

❶ ISO31000とは

　ISO31000は，ISO（国際標準化機構）が2009年に公表したリスクマネジメントの原則および指針を示した国際規格です。リスクマネジメントは，あくまで企業をはじめとする組織がその価値を高めるために取り組むものですので，組織独自のものであってよいはずです。したがって，ISO31000も認証規格ではなく推奨規格として公表されましたが，リスクマネジメントの原則と指針を示した国際規格が公表された以上，組織はリスクマネジメントを実施するにあたって国際規格を無視するわけにはいきません。日本企業は，2001年に公表された国内規格であるJISQ2001（リスクマネジメントシステム規格）などを参考にしながらリスクマネジメント体制を構築・見直ししてきましたが，現在ではISO31000を参考にしての体制見直しが必要となっています。

❷ ISO31000開発の経緯

　1995年の阪神・淡路大震災を経験した日本は，危機管理の重要性を再認識し，危機管理システム規格JIS/TR Z0001を制定しました。日本は，危機管理を含めたリスクマネジメントの国際規格が必要であるとして，1998年にISOに対して新業務項目提案（NP）を行い，ISOは，とりあえずリスクマネジメントに関する用語の統一を目指し，2002年にISO/IEC Guide73を制定しました。日本は，先行してリスクマネジメントシステムの国内規格であるJISQ2001を2001年に制

定しました。

　2005年に，日本とオーストラリアが，ISOにリスクマネジメントの汎用的プロセスの国際規格化を提案し，承認されました。策定作業の結果，2009年にISO31000と用語規格を改定したISO Guide73-2009が発行されたのです。

❸ ISO31000 の特徴

① 枠組みを含む規格
　プロセスを管理する運営管理体系についても標準を提供しています。
② すべての組織に適用できる汎用的な規格
　公的組織，民間組織，公共的組織，団体，グループすべてに適用可能です。
③ 認証用の規格ではない
　品質，環境の分野で第三者認証に使用されているマネジメントシステムとは異なります。

❹ JISQ2001 との関係

　JISQ2001は，1995年の阪神・淡路大震災を機に制定されたことから，緊急時対応が念頭にあり基本的に好ましくない影響を与えるリスクを対象としていますが，ISO31000は好ましい影響および好ましくない影響の両方を対象としている点が大きく異なります。また，JISQ2001は，緊急事態が発生したときの対応および復旧の準備についても具体的な記述がありますが，ISO31000には危機管理についての記述はありません。

　JISQ2001は2001年に制定された後，2007年に内容の変更なく2012年まで5年間有効期限が延長されていましたが，国際整合性の観点から，ISO31000が発行された時点で，一致規格としてJISQ31000が制定され，JISQ2001は廃止されました（2010年9月）。

　すでに，JISQ2001を活用している組織がこの規格を活用していくときの利便性を考慮し，JISQ31000の附属書JAに，JISQ2001とJISQ31000とを対比した表を添付してあります。なお，JISQ2001特有の緊急事態が発生したときの対応および復旧の準備については，附属書JBにまとめています。

⑤ 序 文

　あらゆる業態及び規模の組織は，自らの目的達成の成否及び時期を不確かにする内部及び外部の要素及び影響力に直面している。この不確かさが組織の目的に与える影響を"リスク"という。
　組織のあらゆる活動には，リスクが含まれる。組織は，リスクを特定し，分析し，自らのリスク基準を満たすために，リスク対応でそのリスクを修正することが望ましいかを評価することによって，リスクを運用管理する。このプロセス全体を通して，組織は，ステークホルダとのコミュニケーション及び協議を行い，更なるリスク対応が必要とならないことを確実にするために，リスク及びリスクを軽減するための管理策をモニタリングし，レビューする。この規格は，この体系的かつ論理的なプロセスを詳細に記述するものである。

設問5

以下は，ISO31000序文の解説です。（　）内に当てはまる適切な語を下欄から選びなさい。

「ここでは，リスクおよびリスクマネジメントのとらえ方を記述しています。この規格では，リスクを（　1　）が組織の目的に与える（　2　）ととらえています。注意すべきなのは，この影響は（　3　）影響に限定されていないことです。リスクマネジメントとは，組織の内外の（　4　）を踏まえ，リスクを特定してから対応することまでをいいます。」

①好ましい　②好ましくない　③不確かさ　④損失　⑤影響　⑥状況

(1)	(2)	(3)	(4)

リスクマネジメントは，あらゆる時点で，数多くの領域及び階層において，組織全体に適用することも，特定の部門，プロジェクト及び活動に適用することもできる。

設問6

以下は，ISO31000序文の解説です。（　）内に当てはまる適切な語を下欄から選びなさい。

「この規格で示しているリスクマネジメントは，部署や機能ごとのリスクマネジメントを超えて（　1　）で適用できる概念です。また，個別の部門やプロジェクトにおいても，その組織や活動の目的を達成するために（　2　）を運用管理する仕組みとして適用することができます。」

①社会的視点　②全社経営的視点　③損失　④不確実性　⑤影響　⑥状況

（1）		（2）	

　各産業分野又は各適用分野には，それぞれに個別のニーズ，対象者，認知及び基準がある。この規格の主要な特徴は，"組織の状況の確定"を，この一般的なリスクマネジメントプロセスの開始時点で行う活動として含めている点にある。組織の状況の確定によって，組織の目的，組織が自らの目的を達成しようとする状態を取り巻く環境，組織のステークホルダ及びリスク基準の多様性を把握することとなり，これらすべては，組織のリスクの特質及び複雑さを明らかにし，アセスメントを行うことを援助するものである。

設問7

以下は，ISO31000序文の解説です。（　）内に当てはまる適切な語を下欄から選びなさい。

「これまでのリスクマネジメントは，まずリスクを（　1　）することから始め，それから（　2　）をとるまでのプロセスと認識されてきました。この規格では，より効果的なリスクマネジメントを実施するためには，組織の内外の（　3　）把握から始めるべきだとしています。」

①対応　②評価　③特定　④分析　⑤状況　⑥不確かさ

（1）		（2）		（3）	

6 リスクの定義

目的に対する不確かさの影響
　　effect of uncertainty on objectives

注記1　影響とは，期待されていることから，好ましい方向及び／又は好ましくない方向に乖離することをいう。

注記2　目的は，例えば財務，安全衛生，環境に関する到達目標など，異なった側面があり，戦略，組織全体，プロジェクト，製品，プロセスなど，異なったレベルで設定され得る。

注記3　リスクは，起こり得る事象，結果又はこれらの組合せについて述べることによって，その特徴を記述されることが多い。

注記4　リスクは，ある事象（周辺状況の変化を含む。）の結果とその発生の起こりやすさとの組合せとして表現されることが多い。

注記5　不確かさとは，事象，その結果又はその起こりやすさに関する，情報，理解若しくは知識が，たとえ部分的にでも欠落している状態をいう。

設問8

以下は，ISO31000定義の解説です。（　）内に当てはまる適切な語を下欄から選びなさい。

「従来のISO/IEC Guide 73におけるリスクの定義は注記4に近い「（　1　）の（　2　）と（　1　）の（　3　）の組み合わせ（combination of the probability of an event and its consequence）」でしたが，それはリスクを客観的に表現しているものの本質的定義ではないとされ，上記の定義に改められました。この定義における重要なポイントは次のとおりです。

① 目的（objective）

この規格は組織のリスクを扱っていることから，この「目的」とは「組織の目的」を意味します。また，「目的」は「目標」や「ゴール（goal）」を含み，組織の指針や方向性を示すものとして使われます。

② 影響（effect）

改定前のISO/IEC Guide 73では，事象の「結果」について，好ましいものも好ましくないものも対象とするとされていましたが，今回の改定においては，その「結果」のみならず，好ましい方向へでも好ましくない方向へでも乖離することが「影響」とされました。」

①結果　②発生確率　③事象　④分析　⑤特定　⑥評価

(1)		(2)		(3)	

❼ リスクマネジメントの定義

> リスクについて，組織を指揮統制するための調整された活動
> coordinated activities to direct and control an organization with regard to risk

　リスクマネジメントの考え方は個人のリスクについても適用可能ですが，ここで念頭に置かれているのは組織としての活動です。リスクの定義が変わったことから，リスクマネジメントは，その対象を経営そのものにすることができます。

設問9

　ISO31000のリスクの定義に従い，ことわざ「虎穴に入らずんば虎児を得ず」におけるリスクを解説しなさい。

memo

CHECK LIST
チェックリスト

- ☐ ISO31000とは何か説明できますか。
- ☐ ISO31000とJISQ2001との関係を理解しましたか。
- ☐ ISO31000の特徴を理解しましたか。
- ☐ ISO31000におけるリスクの定義を理解しましたか。
- ☐ ISO31000におけるリスクマネジメントの定義を理解しましたか。

Chapter 3

ISO31000
（原則，枠組み，プロセス）

❶ ISO31000の概念図

　ISO31000が記述している，リスクの運用管理のための原則，それを取り巻く枠組み，およびリスクマネジメントプロセスの関係は，次の通りです。

リスクマネジメントの原則，枠組みおよびプロセスの関係

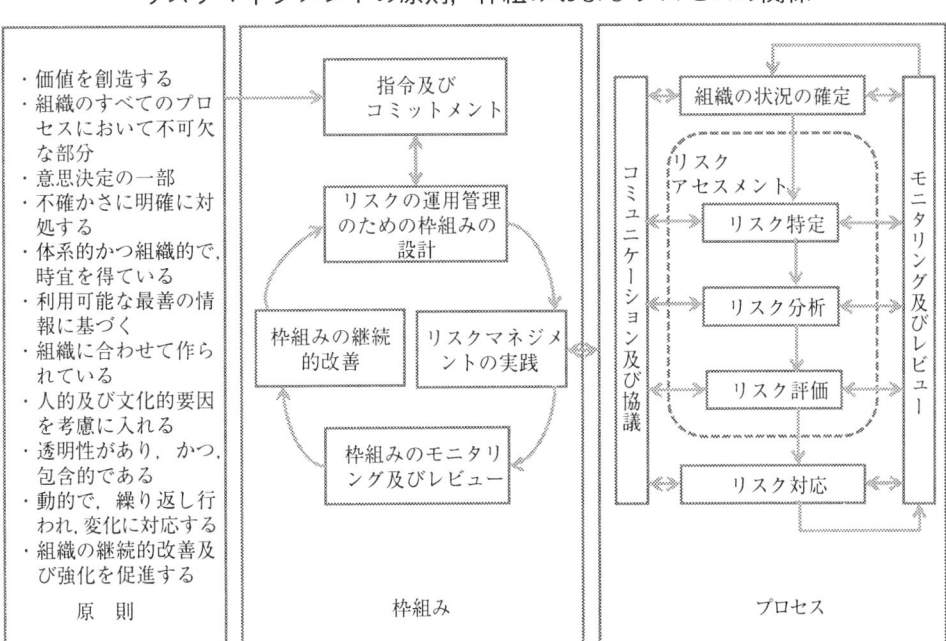

原　則	枠組み	プロセス
・価値を創造する ・組織のすべてのプロセスにおいて不可欠な部分 ・意思決定の一部 ・不確かさに明確に対処する ・体系的かつ組織的で，時宜を得ている ・利用可能な最善の情報に基づく ・組織に合わせて作られている ・人的及び文化的要因を考慮に入れる ・透明性があり，かつ，包含的である ・動的で，繰り返し行われ，変化に対応する ・組織の継続的改善及び強化を促進する	指令及びコミットメント ↓ リスクの運用管理のための枠組みの設計 ↓ 枠組みの継続的改善　リスクマネジメントの実践 ↓ 枠組みのモニタリング及びレビュー	組織の状況の確定 ↓ リスクアセスメント 　リスク特定 　↓ 　リスク分析 　↓ 　リスク評価 ↓ リスク対応 （コミュニケーション及び協議／モニタリング及びレビュー）

出典：ISO31000。

②原則

a）リスクマネジメントは，価値を創造し，保護する。
リスクマネジメントは，安全衛生，保安，法律及び規制の順守，社会的受容，環境保護，製品品質，統治，世評などの，目的の明確な達成及びパフォーマンスの改善に寄与する。

設問10

以下は，リスクマネジメント規格活用検討会編『ISO31000 2009 リスクマネジメント 解説と適用ガイド』による原則の解説です（一部改変）。（ ）内に当てはまる適切な語を下欄から選びなさい。

「ISO31000は，リスクマネジメントを"価値を創造する"ものととらえている。従来の一般的な認識では，リスクマネジメントは，（ 1 ）影響を小さくするという視点で考えられていた。一方，価値の増大というと，利益を大きくしたり新製品を生み出したりというように（ 2 ）影響を増大するという視点で語られることが多かった。

ISO31000では，好ましい影響の（ 3 ）も，好ましくない影響の（ 4 ）もともに，組織の価値を生み出しているということを明確に言及している。つまり，好ましい影響と好ましくない影響のバランスを考えるということは，両者を互いに相反するものととらえるのではなく，価値創造の（ 5 ）ととらえることができるということである。」

①好ましい　②好ましくない　③増大　④減少　⑤最大化　⑥最小化

(1)		(2)		(3)		(4)		(5)	

b）リスクマネジメントは，組織のすべてのプロセスにおいて不可欠な部分である。

　リスクマネジメントは，組織の主要な活動及びプロセスから切り離された単独の活動ではない。リスクマネジメントは，経営の責任の一部であり，戦略的な計画策定，並びにプロジェクトマネジメント及び変更マネジメントのすべてのプロセスを含む，組織のすべてのプロセスにおいて不可欠な部分である。

c）リスクマネジメントは，意思決定の一部である。

　リスクマネジメントは，意思決定者が情報に基づいた選択を行い，活動の優先順位付けを行い，活動の選択肢を見分けることを援助する。

設問11

以下は，リスクマネジメント規格活用検討会編『ISO31000 2009 リスクマネジメント　解説と適用ガイド』による原則の解説です（一部改変）。（　）内に当てはまる適切な語を下欄から選びなさい。

「リスクマネジメントは，組織内の様々なマネジメントと連携した活動である。さらにいえば，あらゆるマネジメント活動の中にリスクマネジメントの（　1　）をもって臨むことが必要である。

リスクマネジメントの重要な使命は，（　2　）することではない。（　3　）を（　4　）することである。従って，リスク分析は，判断ができるような分析を行う必要がある。」

①意思決定　②感性　③支援　④分析

（1）		（2）		（3）		（4）	

d）リスクマネジメントは，不確かさに明確に対処する。

　リスクマネジメントは，不確かさ及びその特質並びに不確かさへの対処について，明確に考慮する。

設問12

以下は，リスクマネジメント規格活用検討会編『ISO31000 2009 リスクマネジメント　解説と適用ガイド』による原則の解説です（一部改変）。（　）内に当てはまる適切な語を下欄から選びなさい。

「リスク分析においてはリスクのもつ（　1　）を認識した分析を行うべきである。リスクの起こりやすさや影響は，一意的に決まるものではなく，多くの場合は（　2　）をもったものである。（　3　）的に把握する場合，その中央値でみるか（　4　）でみるか，期待値と分散で把握するかは，その判断による。」

①集中　②分布　③定量　④定性　⑤確からしさ　⑥不確かさ　⑦最小値　⑧最大値

(1)	(2)	(3)	(4)

e）リスクマネジメントは，体系的かつ組織的で，時宜を得たものである。
　リスクマネジメントの体系で，時宜を得た組織的な取組みは，効率及び一貫性があり，比較可能な信頼できる結果に寄与する。
f）リスクマネジメントは，最も利用可能な情報に基づくものである。
　リスクの運用管理のプロセスへのインプットは，過去のデータ，経験，ステークホルダからのフィードバック，観察所見，予測，専門家の判断などの情報源に基づくものである。しかし，意思決定者は，利用するデータ又はモデルのあらゆる限界，及び専門家の間の見解の相違の可能性について自ら認識し，これらを考慮に入れることが望ましい。

設問13

以下は，リスクマネジメント規格活用検討会編『ISO31000 2009 リスクマネジメント　解説と適用ガイド』による原則の解説です（一部改変）。（　）内に当てはまる適切な語を下欄から選びなさい。

「リスクマネジメントは，分析から対策まで一貫した視点で実施するものである。また，リスクが顕在化し実際に（　1　）影響を与える前，もしくは（　2　）影響を得られる機会を逸する前に実施する必要がある。

リスク分析に際しては，その分野の専門家であっても，見解が異なる場合がある。分析のデータ，手法の特徴や限界を認識することによって，（ 3 ）に対して，より望ましい情報を提供することができる。」

| ①ステークホルダ　②意思決定者　③専門家　④好ましい　⑤好ましくない |

(1)		(2)		(3)	

g）リスクマネジメントは，組織に合わせて作られる。
　リスクマネジメントは，組織が置かれている外部及び内部の状況，並びにリスク特徴と整合する。
h）リスクマネジメントは，人的及び文化的要素を考慮に入れる。
　リスクマネジメントでは，組織の目的の達成を促進又は妨害することがある外部及び内部の人々の様々な能力，認知及び意図を認識する。

設問14

　以下は，リスクマネジメント規格活用検討会編『ISO31000 2009 リスクマネジメント　解説と適用ガイド』による原則の解説です（一部改変）。（　）内に当てはまる適切な語を下欄から選びなさい。

「リスクマネジメントは，導入する組織の特徴に応じて，（ 1 ）設計され実施されるものである。組織の規模，組織内の役割構成，責任者の資質によっても，その仕組みは異なってくる。
　リスクマネジメントに関しては，あるリスクへの対応がすべての人にとって賛同できるものとは限らない。組織内の（ 2 ）の存在にも配慮する必要がある。」

| ①ステークホルダ　②意思決定者　③専門家　④柔軟に　⑤一律に |

(1)		(2)	

Chapter 3　ISO31000（原則，枠組み，プロセス）　| 21

i）リスクマネジメントは，透明性があり，かつ，包含的である。

　ステークホルダ及び特に組織のすべての階層における意思決定者の適切かつ時宜を得た参画によって，リスクマネジメントが現況に即し，最新なものであり続けることを確実にする。また，参画はステークホルダの立場を適切に反映し，リスク基準を決定する場合に，ステークホルダの見解に配慮することを可能とする。

j）リスクマネジメントは，動的で，繰り返し行われ，変化に対応する。

　リスクマネジメントは，継続的に変化を察知し，対応する。それは，外部及び内部で事象が発生し，状況及び知識が変化し，モニタリング及びレビューが実施されるにつれて，新たなリスクが発生したり，また，既存のリスクの中には変化したり，又はなくなったりするものがあるからである。

設問15

　以下は，リスクマネジメント規格活用検討会編『ISO31000 2009リスクマネジメント　解説と適用ガイド』による原則の解説です（一部改変）。（　）内に当てはまる適切な語を下欄から選びなさい。

　「リスクは，状況に応じて変化する。現状のリスクは（　1　）に見直さなければならない。リスク評価の基礎となるリスク基準も，社会状況に応じて変化する。リスク基準が適切かどうかは，常に（　2　）の価値観の変化に留意しながら検討しておくことが必要である。」

①ステークホルダ　②意思決定者　③専門家　④定期的　⑤一律

(1)		(2)	

k）リスクマネジメントは，組織の継続的改善を促進する。

　組織は，自らのリスクマネジメントの成熟度を改善するために，他のすべての側面とともに，戦略を策定し，実践することが望ましい。

設問16

以下は，リスクマネジメント規格活用検討会編『ISO31000 2009 リスクマネジメント　解説と適用ガイド』による原則の解説です（一部改変）。（　）内に当てはまる適切な語を下欄から選びなさい。

「リスクマネジメントの理想的な状況を（　1　）に構築することは難しい。リスクマネジメントは，改善を（　2　）することによって理想的な状況に近づいていく。」

①継続　②命令　③定期的　④長期的　⑤短期的

| (1) | | (2) | |

3 枠組み

　リスクマネジメントの成功は，リスクマネジメントを組織全体のすべての階層に定着させるための基礎及び取決めを提供するマネジメントの枠組みの有効性にかかっている。この枠組みは，組織の様々な階層及び特有の状況の中で，リスクマネジメントプロセス（箇条5参照）を適用することを通じて，効果的なリスクの運用管理を手助けするものである。このような枠組みは，リスクマネジメントプロセスから導き出されるリスクに関する情報が，組織の関連する階層すべてにおいて，適切に報告され，意思決定及びアカウンタビリティ確保のための基礎として活用されることを確実にするものである。
　箇条4では，リスクの運用管理のために必要となる枠組みの構成要素，及びこれらが図2に示すように繰り返し行われ相互に関係する状況を記述する。

図2 リスクを運用管理するための枠組みの構成要素間の関係

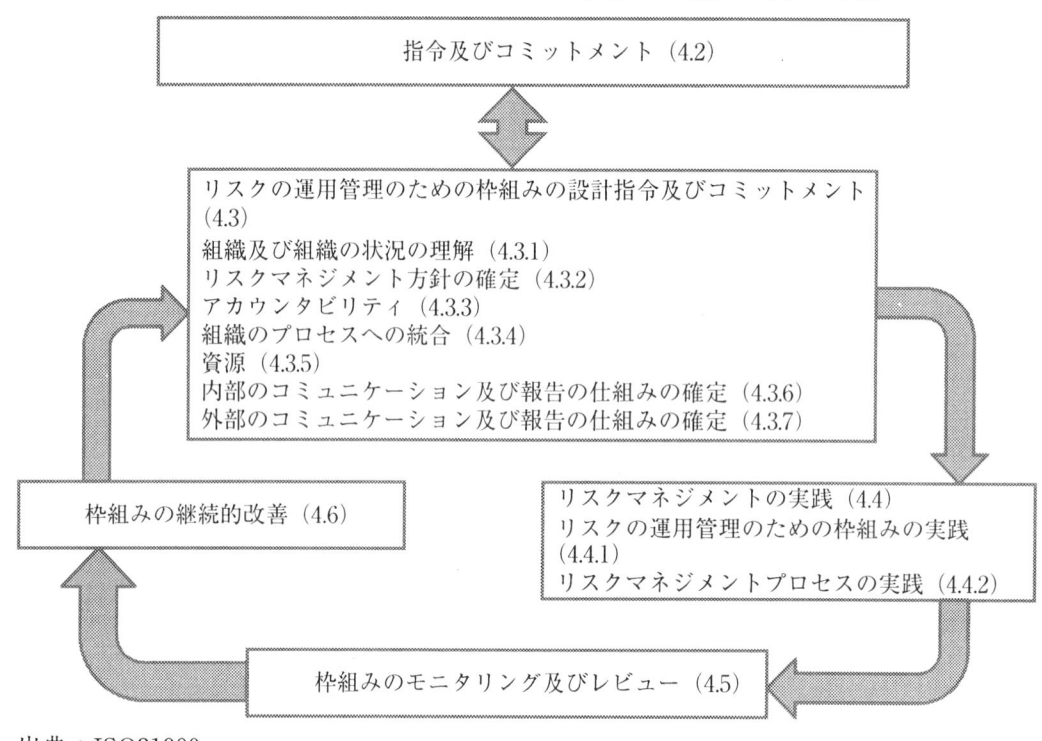

```
指令及びコミットメント（4.2）
      ↕
リスクの運用管理のための枠組みの設計指令及びコミットメント（4.3）
組織及び組織の状況の理解（4.3.1）
リスクマネジメント方針の確定（4.3.2）
アカウンタビリティ（4.3.3）
組織のプロセスへの統合（4.3.4）
資源（4.3.5）
内部のコミュニケーション及び報告の仕組みの確定（4.3.6）
外部のコミュニケーション及び報告の仕組みの確定（4.3.7）

枠組みの継続的改善（4.6）

リスクマネジメントの実践（4.4）
リスクの運用管理のための枠組みの実践（4.4.1）
リスクマネジメントプロセスの実践（4.4.2）

枠組みのモニタリング及びレビュー（4.5）
```

出典：ISO31000。

設問17

以下は、リスクマネジメント規格活用検討会編『ISO31000 2009 リスクマネジメント 解説と適用ガイド』による原則の解説です（一部改変）。（　）内に当てはまる適切な語を下欄から選びなさい。

「図2においてリスクマネジメントの枠組み要素を示しているが、ISO31000は、組織の中でこの図に示す仕組みをマネジメントシステムとして、その形式を構築することを（　1　）しているわけではない。（　2　）の仕組みの中に（　3　）の考え方を導入することを（　4　）しているのである。」

①強制　②推奨　③リスクマネジメント　④組織マネジメント

（1）	（2）	（3）	（4）

④ プロセス

リスクマネジメントプロセスは，次のようなものであることが望ましい。
- 組織の運用管理に不可欠な部分である。
- 組織の文化及び実務の中に組み込まれている。
- 組織の事業プロセスに合わせて作られている。

設問18

以下は，リスクマネジメント規格活用検討会編『ISO31000 2009 リスクマネジメント　解説と適用ガイド』による原則の解説です（一部改変）。（　）内に当てはまる適切な語を下欄から選びなさい。

「リスクマネジメントは，組織の他の業務と独立したものではなく，業務と一体となって展開されるものである。従って，リスクマネジメントは，その事業や組織文化によって（　１　），というよりも，（　２　）。リスクマネジメントに限らずマネジメントは，組織の（　３　）に根ざしたものでなくてはその有効性を発揮できない。そのため，他の組織で実施されているリスクマネジメントシステムを調査し同様のものを構築しても，うまくいかない場合が多い。」

①規模　②文化　③異なるべきである　④異なってもよい

(1)	(2)	(3)

CHECK LIST
チェックリスト

- ☐ ISO31000における原則，枠組み，プロセスの関係を理解しましたか。
- ☐ ISO31000における8つの原則を理解しましたか。
- ☐ ISO31000における枠組みの構成要素間の関係を理解しましたか。
- ☐ ISO31000におけるリスクマネジメントプロセスに求められるものを理解しましたか。

memo

Chapter 4
リスクアセスメント

① リスクアセスメント

(1) リスクアセスメントの目的

　リスクアセスメントは，リスクを洗い出して特定し，それを分析して受容可能かどうか判断し，リスク対応する場合は評価してその優先順位を決定するプロセスです。経営資源は限られているため，多くのリスクの中で優先順位をつけ，損失軽減効果の高いリスクに資源を集中することとなります。

(2) リスクアセスメントの流れ

　リスクアセスメントは，リスク特定，リスク分析，リスク評価のプロセスから構成されます。

　　　リスク特定 → リスク分析 → リスク評価

② リスク特定

○リスク特定のポイント

特定方法	概　要
自社の経験から特定	過去に自社で発生した事件・事故・災害・ヒヤリハット事例から，リスクを特定。
他社の事例から特定	過去に発生した他社事例を参考にリスクを特定。特に同業種の事例は十分に参考にすべき。
リスク感性で特定	過去に自社・他社に事件・事故として顕在化していないリスクについても，リスク感性を働かせて特定する。10mを超える津波の経験がないからといって，リスク特定から除外しては，東日本大震災の二の舞になる。

出典：損保ジャパン・リスクコンサルティング『リスクマネジメント実務ハンドブック』をもとに作成。

○リスク特定に有益な情報

- ・会社案内／工場案内／製品・商品カタログ
- ・年次報告書
- ・経営計画／部門計画
- ・建築図面
- ・製造工程図／流通経路図
- ・財務諸表
- ・各種契約書
- ・製品別生産高／品目別取引高
- ・従業員関連情報（人数，シフト，賃金等）
- ・下請リスト
- ・消防計画／安全衛生管理規定／セキュリティシステム
- ・品質管理／環境管理システム
- ・過去の事故損害歴
- ・保険証券（写）

出典：インターリスク総研編著『実践リスクマネジメント第四版』。

○作業方式

方　式	概　要
事務局作業方式	リスクマネジメント事務局メンバーのみでリスク特定をする方式。短時間で作業できるが，現場の参加意識が十分醸成されないことが難点。
ワークショップ方式	業務およびリスクに精通した社員を10名程度招集して作業を行う方式。メリットとして，より広い観点からリスクの洗い出しができること，その後のリスクマネジメント活動においてメンバーが各部署で推進役の役割を果たすことが期待できること，がある。
アンケート方式	より多くの社員にアンケートを実施して統計処理する方式。さらに幅広い関係者からリスク特定に関する情報が得られるのがメリットだが，時間がかかり，多数の社員の参加を要するというデメリットもある。なお，集計の手間を考えれば，アンケートの質問票にあらかじめリスク項目を提示しておくことが重要となる。
ヒアリング方式	事務局が社内各部署を訪れ，ヒアリングをする方式。多人数を招集することができない場合やアンケートを実施する時間的余裕がない場合に採用するほか，アンケートの事前準備・結果検証のために補助的に採用する。

出典：損保ジャパン・リスクコンサルティング『リスクマネジメント実務ハンドブック』をもとに作成。

　リスク特定のアンケートを実施するには，事務局において，ある程度リスク項目の分類を提示して，それに沿ってリスクを洗い出してもらうのがよいといえます。次に示すのは，食品製造業のリスク一覧表の例です。

リスク特定のための業種別リスク一覧表の例（食品製造業）

大分類		中分類		小分類		大分類		中分類		小分類	
A	基幹プロセスリスク	10	製　造	100	設備・機械の損傷・故障			43	法務・倫理	430	不当表示・偽装表示
				101	運転ミスによる設備停止			44	労働衛生	440	労働災害
				102	火災・爆発					441	違法残業
				103	電気・水・ガス供給停止			45	環　境	450	不法投棄・違法処理
				104	生産量管理ミス					451	有害汚染物質流出
		11	製品・品質	110	危険異物混入					452	騒音・異臭等クレーム
				111	品質不良・自主回収			46	人事・労務	460	人権問題・差別
				112	製品欠陥事故・リコール			47	経理・財務	470	税申告漏れ
		12	物　流	120	出荷遅延物流事故			48	総　務	480	社員不祥事
				121	輸送・保管中損傷事故			50	社内不正	500	横領・背任
		13	営業・販売	130	貸倒れ	C	外部環境リスク	60	自然災害	600	地震・津波
				131	顧客対応不備					601	台風・集中豪雨
		15	研究・開発	150	商品・技術開発遅延					602	冷夏等による需要低下
B	支援プロセスリスク	40	情報システム	400	情報システムの障害			65	経　済	650	原材料の高騰・供給量低下
				401	通信回線の障害					651	為替変動
		41	情報漏洩	410	自社機密情報漏洩			66	マーケット	660	需要低下・景気低迷
				411	顧客個人情報漏洩					661	製品サイクルタイム短縮
		42	知的財産	420	特許権侵害・被侵害					662	少数顧客への依存
				421	商標権侵害・被侵害	D	経営リスク	83	経営権	830	設備投資の失敗
				422	模造品出回り			80	経営戦略	800	敵対的被買収

出典：損保ジャパン・リスクコンサルティング『リスクマネジメント実務ハンドブック』。

❸ リスク分析

　洗い出したリスクについて，リスク分析を行います。このときリスクの大きさを判定するのに使用するのが，発生頻度と損害規模です。それぞれランクを設定して，リスクごとにどのランクに該当するか判断します。ランク設定の例としては次のようなものがあります。もし，定量的なランク設定が困難なら，「大，中，小」の定性的表現でまとめてもよいでしょう。

リスク分析におけるランク設定例

損害規模ランク	損害規模の目安	発生頻度ランク	発生頻度の目安
7	30億円超	7	1年以下
6	10億円超30億円以下	6	1年超5年以下
5	1億円超10億円以下	5	5年超10年以下
4	3,000万円超1億円以下	4	10年超20年以下
3	1,000万円超3,000万円以下	3	20年超30年以下
2	500万円超1,000万円以下	2	30年超100年以下
1	500万円以下	1	100年超

出典：損保ジャパン・リスクコンサルティング『リスクマネジメント実務ハンドブック』。

発生頻度と損害規模のランク付けができたら，リスクマップにプロットします。以下は，機械製造業のリスクマップの例です。

リスクマップの例（機械製造業）

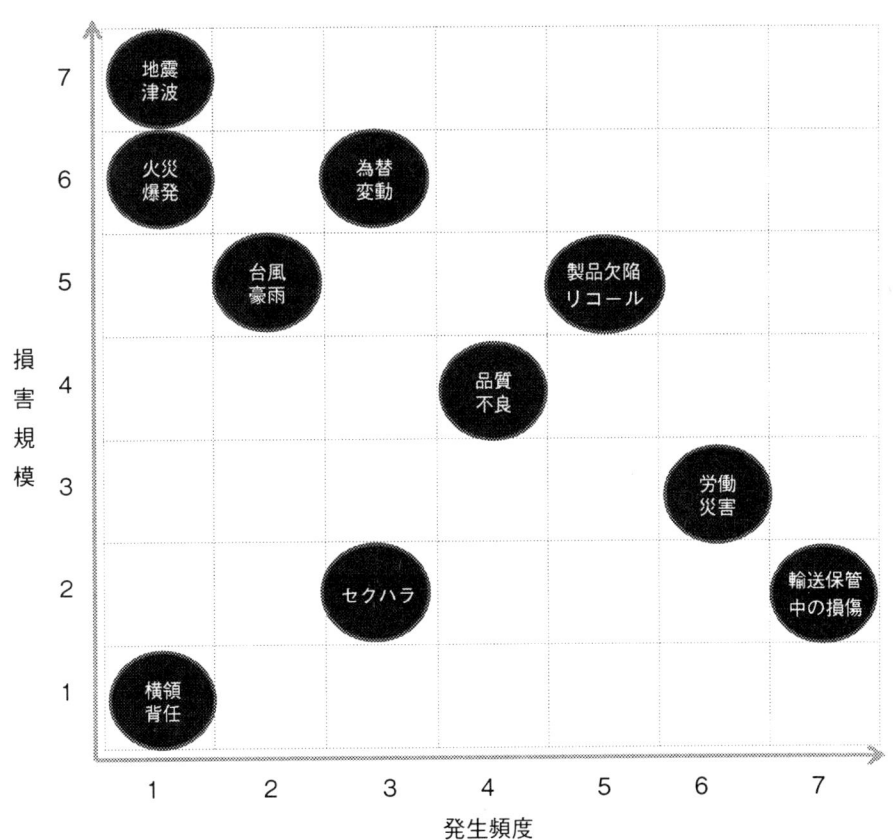

（縦軸：損害規模，横軸：発生頻度）

- 地震津波：頻度1，規模7
- 火災爆発：頻度1，規模6
- 為替変動：頻度3，規模6
- 台風豪雨：頻度2，規模5
- 製品欠陥リコール：頻度5，規模5
- 品質不良：頻度4，規模4
- 労働災害：頻度6，規模3
- セクハラ：頻度3，規模2
- 輸送保管中の損傷：頻度7，規模2
- 横領背任：頻度1，規模1

出典：損保ジャパン・リスクコンサルティング『リスクマネジメント実務ハンドブック』。

（注）ここではリスクマップを使用しましたが，伝統的にはリスクマトリクスも使用されてきました。リスクマトリクスは，リスクの損失の大きさと起こりやすさを，それぞれ2〜5のランクで把握し，縦軸に損失の大きさのランクをとり，横軸に起こりやすさのランクをとった表形式で表現するものです。

④ リスク評価

リスク分析ができたら，リスクスコア表で，組織が重要視する非金銭的要素も加味してリスク評価を行い，対応の優先度を決定します。以下は，非金銭的要素として法令遵守と人命優先を重要視する企業の例です。

リスクスコア表の例

リスク	リスク算定 損害規模	リスク算定 発生頻度	重要度 法令遵守	重要度 人命優先	対策優先リスク
製品欠陥事故	5	2	3	3	★★★
地　震	6	1	1	6	★★★
労務関係法違反	2	3	3	3	★★
社内ネットワーク障害	3	3	1	1	★★
○○○	○	○	○	○	★
○○○	○	○	○	○	★

出典：損保ジャパン・リスクコンサルティング『リスクマネジメント実務ハンドブック』。

CHECK LIST
チェックリスト

- ☐ リスクアセスメントの流れを理解しましたか。
- ☐ リスク特定を社内でどう取り組むか理解しましたか。
- ☐ リスク分析における発生頻度と損害規模の使用法を理解しましたか。
- ☐ リスクマップとは何か理解しましたか。
- ☐ リスク評価の行い方を理解しましたか。

Chapter 5

リスク対応

❶ 伝統的リスクマネジメントのフロー

　リスクを損失発生の可能性ととらえた場合の伝統的リスクマネジメントのフローは，次の通りです。

リスクマネジメントフロー

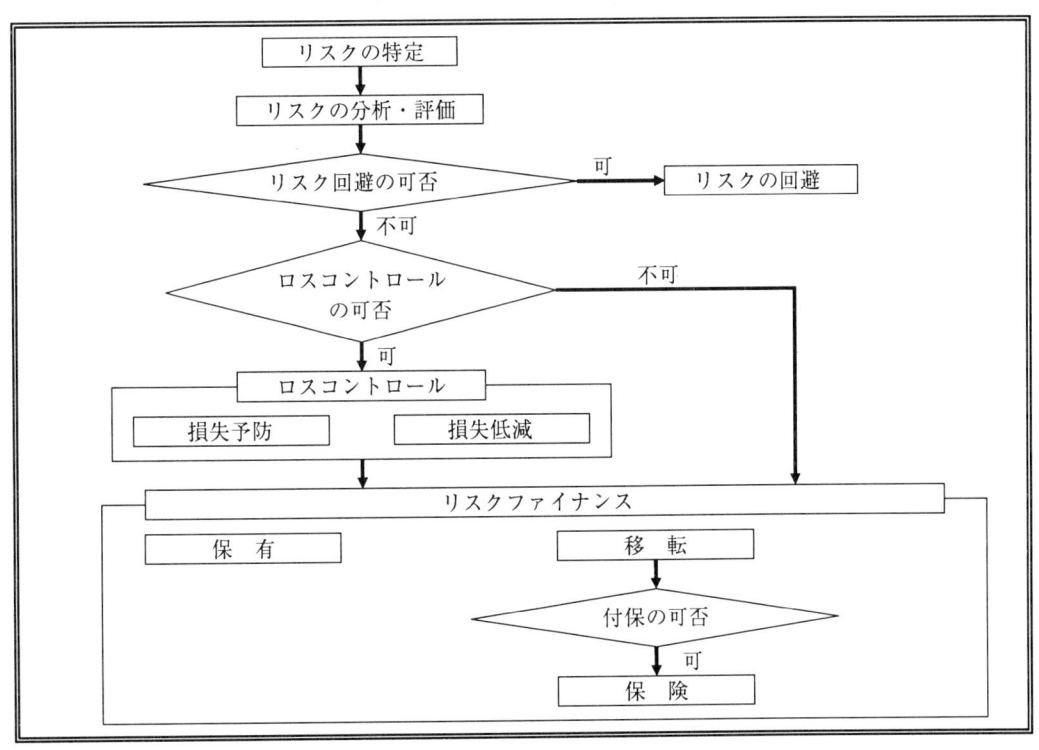

```
            ┌─────────────┐
            │ リスクの特定 │
            └──────┬──────┘
                   ↓
            ┌─────────────────┐
            │ リスクの分析・評価 │
            └──────┬──────────┘
                   ↓
             ◇リスク回避の可否◇ ──可──→ ┌─────────────┐
                   │                    │ リスクの回避 │
                  不可                   └─────────────┘
                   ↓
             ◇ロスコントロール
                  の可否◇ ──不可──┐
                   │               │
                   可              │
                   ↓               │
            ┌─────────────┐        │
            │ ロスコントロール │     │
            └─────────────┘        │
            ┌────────┐ ┌────────┐  │
            │ 損失予防 │ │ 損失低減 │  │
            └────────┘ └────────┘  │
                   ↓                │
            ┌──────────────────────┘
            │ リスクファイナンス
            └──┬────────────┬──
            ┌────┐      ┌────┐
            │保有│      │移転│
            └────┘      └─┬──┘
                          ↓
                    ◇付保の可否◇
                          │可
                          ↓
                       ┌────┐
                       │保険│
                       └────┘
```

出典：下和田功編『はじめて学ぶリスクと保険』をもとに作成。

② リスクコントロール

特定・分析・評価したリスクについて，対応方法を検討しますが，リスクファイナンスを行う前の対応をリスクコントロールといいます。リスクコントロールとしては，次のような対応が考えられます。

〇リスクの回避
　予想されるリスクにかかわる活動自体を行わない。この対応により，完全なリスクの遮断が達成されるが，一方でリスク回避しなければ享受できる便益や利益を失うことには，注意する必要がある。
　例としては，自動車を保有しない，製造物責任リスクの高い製品の製造を中止する，地震や風水災リスクの発生頻度の高い地域への事業所進出を断念する等があります。

〇ロスコントロール
・損失予防
　発生頻度を減少させる手段。
　例としては，建物の耐火構造化，機械に安全装置設置，安全教育・定期点検等があります。
・損失低減
　損失の規模を減少させる手段。
　例としては，スプリンクラー・消火器・非常階段の設置等があります。

〇リスクの結合
　合併等による経営規模の拡大による損失規模の縮小などがあります。

〇リスクの分離
　リスクの発生単位を分割し，事故が発生しても全体に影響が及ばないようにすることです。
　工場の防火区画，工場・倉庫・事務所の分散，仕入先の複数確保等があります。

○リスクの移転（リスクコントロール型）

契約によってリスク移転するものです。リスクファイナンスにおけるリスク移転と区別して，リスクコントロール型リスク移転と呼ばれます。

下請契約での下請業者へのリスク移転，責任制限条項など。

設問19

2011年3月に東京電力福島第一原子力発電所で重大な原子力事故が発生しましたが，事故を防ぐためにどのようなリスクコントロール策がとられていたらよかったと考えますか。

③ リスクファイナンス

リスクコントロールの可否にかかわらず，損失発生の際の財務的措置としてリスクファイナンスを考えます。リスクファイナンスには，大別して保有と移転があります。

○保　有

損失の重大性を考慮したうえであえてリスクを保有することも選択肢の1つです。具体的な保有の手段として，経常費処理，準備金の設定，自家保険等があります。

○移　転

有効なリスク移転策がある場合にはリスクの移転を行います。
移転策の代表的なものが保険の利用です。

④ リスクマトリクスとリスク対応

事業を好ましくない結果にぶれさせるリスクを抽出したとき，それらを負の結果の大きさ（強度）とその起こりやすさ（頻度）によって表現できますが，これをリスクマトリクスと呼びます。

リスクマトリクスのどこに位置するかによって，そのリスクへの望ましい対応方法が決まってきます。Ⅰのリスクについては，一般に保有が許容されます。Ⅱのリスクについては，リスクの保有か，起こりやすさの低減策が求められます。Ⅲのリスクについては，影響規模を小さくする低減策が求められます。また，保険等を利用したリスク共有を考えたほうがよいといえます。Ⅳのリスクは，リスクの低減が求められます。低減が不可能でそのリスクを許容できない場合は，リスクの回避を行うこととなります。

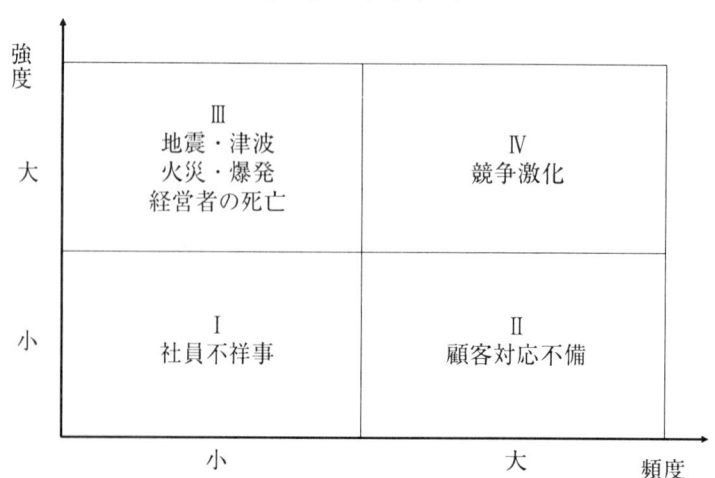

リスクマトリクス

強度		
大	Ⅲ 地震・津波 火災・爆発 経営者の死亡	Ⅳ 競争激化
小	Ⅰ 社員不祥事	Ⅱ 顧客対応不備
	小	大　頻度

⑤ リスク対応の選択肢

ISO31000は，リスク対応の選択肢として次の7つをあげています。

	リスク対応	内　容
1	リスク回避	リスクにさらされないように，ある活動を開始しないまたは継続しないこと。危険物使用業務の廃止は有効なリスク回避策だが，ビジネス撤退にもつながる。
2	リスクテイク	好ましい影響，すなわち好機を求めてリスクをとる，またはリスクを増加させること。しかしながら結果として好ましくない影響を招くこともある。
3	リスク源除去	リスクを生じさせる有形・無形の潜在的要素を除去すること。たとえば，可燃物の使用停止は火災のリスク源除去対策である。
4	起こりやすさを変える	事象や結果の起こりやすさを変えること。好ましくない影響をもたらすリスクでは，その事故・事態等の事象や結果の起こりやすさを減らすよう対応する。
5	結果を変える	目的に影響を与える事象の結末である結果を変えること。好ましくない影響をもたらすリスクでは，その結果が小さくなるように，また拡大しないように対応する。
6	リスク共有	他者との間でリスクを分散すること。リスク移転もリスク共有の一形態である。また，リスク共有は，契約や保険の形態で実行されることができる。
7	リスク保有	ある特定のリスクによって利得や損失負担を受容すること。これにはリスク対応した後の残留リスクを受容することを含む。

出典：損保ジャパン・リスクコンサルティング『リスクマネジメント実務ハンドブック』をもとに作成。

設問20

ISO/IEC Guide 73におけるリスク対応は，回避，最適化（低減），移転，保有の4種類でした。ISO31000における7種類のリスク対応は，この4種類のどこに対応するか，1～7で答えなさい。

ISO/IEC Guide 73のリスク対応	ISO31000のリスク対応
① 回　避	
② 最適化（低減）	
③ 移　転	
④ 保　有	

CHECK LIST
チェックリスト

- ☐ リスクコントロールとは何か理解しましたか。
- ☐ ロスコントロールにおける2つの手段を理解しましたか。
- ☐ リスクファイナンスにおける2つの手段を理解しましたか。
- ☐ リスクマップによる分類と適切なリスク対応方法について理解しましたか。
- ☐ ISO31000におけるリスク対応の選択肢を理解しましたか。

Chapter 6

リスクファイナンス

① リスクファイナンスとは

　リスクコントロールを実施してもなお存在する損失の可能性に対し，事前に計画的に資金調達することを，リスクファイナンスといいます。

○リスクファイナンスの種類

種　類	概　要	例
保　有 (Retention)	損失が生じた場合に自己負担	経常費 準備金 キャプティブ（Captive 保険子会社） 借り入れなどの信用 自家保険（Self Insurance）
移　転 (Transfer)	損失が生じた場合に第三者から損失の補てんをうける	保　険 共済，保証，基金 契　約 ART（代替的リスク移転）
保有と移転の組み合わせ	大規模損失のみ移転，小損失保有 保険の免責金額を利用	

出典：後藤和廣『リスクマネジメントと保険』をもとに作成。

② 保　険

　偶発的な事故に基づく財産上の需要を満たすため，その事故が発生する危険の下にある多数の者が，統計的基礎に基づき算出された金額を出捐し，その資金

によって事故が発生した者に財産的給付をする制度です。もっともポピュラーなリスク移転手段といえます。

○主な損害保険

企業が付保する主な損害保険には，次のようなものがあります。

保険種類	細　目
火災保険	
自動車損害賠償責任保険	
自動車保険	
傷害保険	
賠償責任保険	施設，請負，生産物，受託者，アンブレラ，会社役員など
その他新種保険	動産総合，労災総合，機械，組立，工事，信用，保証，盗難など
海上保険	船舶，貨物海上，運送保険
ボンド（保証業務）	

出典：後藤和廣『リスクマネジメントと保険』をもとに作成。

○主な生命保険

企業が付保する主な生命保険には，次のようなものがあります。

保険種類	内　容
団体定期保険	保険期間が1年で毎年更改する生命保険
新企業年金保険	企業の退職年金規定に従い，従業員の将来の年金や一時金を支給するための資金積立を行う保険
厚生年金基金保険	企業内に厚生年金基金を設立し，同基金が生命保険会社と保険契約を結ぶ。
事業保険	企業が契約者となり，役員・従業員を被保険者とする契約方式
団体信用生命保険	金融機関が契約者となり，住宅ローン等の借入者を被保険者とする保険
消費者信用生命保険	短期の借り入れを対象に，金融機関・信販会社等が契約者となり，借入者を被保険者とする保険

出典：後藤和廣『リスクマネジメントと保険』をもとに作成。

③ ART

ART（Alternative Risk Transfer）は，代替的リスク移転と訳され，原義は保険の代替という意味です。事業資金等の調達や金融・財務リスクのための金融技術を保険リスクに転用した手法であり，いわば金融と保険が融合したものといえます。

以下，ART の代表的なものとして，CAT ボンド，キャプティブ，天候デリバティブを取り上げます。

（1）CAT ボンド

○内　容

CAT ボンド（Catastrophe Bond）は，大規模災害リスクを証券化し，資本市場で消化してリスクを分散するものです。

○典型例

1999 年にオリエンタルランドが行った地震災害の証券化によるリスク移転があります。

元本リスク型債は，地震がなければ高利率ですが，直下型地震があれば最悪元本が還らない条件となっています。

オリエンタルランドの CAT ボンド

	元本リスク型債発行条件	信用リスク・スイッチ型債発行条件
発行額	1 億ドル	1 億ドル
利回り	6 ヶ月 LIBOR ＋ 3.1％	6 ヶ月 LIBOR ＋ 0.75％
格付け	BB＋	A
債券の種類	元本が地震の発生規模により「支払いテーブル」に従って減額される	元本償還型債券。なお地震が発生した場合はオリエンタルランド社の発行する社債を購入する（社債の購入は信託勘定にある資金を取り崩して行う）。
償還価格	地震が発生した場合，債券の償還価格は 75％〜0％の範囲において減少する。	元本 100％保証
償還期間	5 年	5 年 （地震が発生した場合は発行日から 8 年を範囲に 5 年間延長される）

出典：甲斐良隆他『リスクファイナンス入門』。

オリエンタルランドの元本リスク型債の条件

最内円（シンデレラ城から半径10キロ以内）―マグニチュード6.5以上

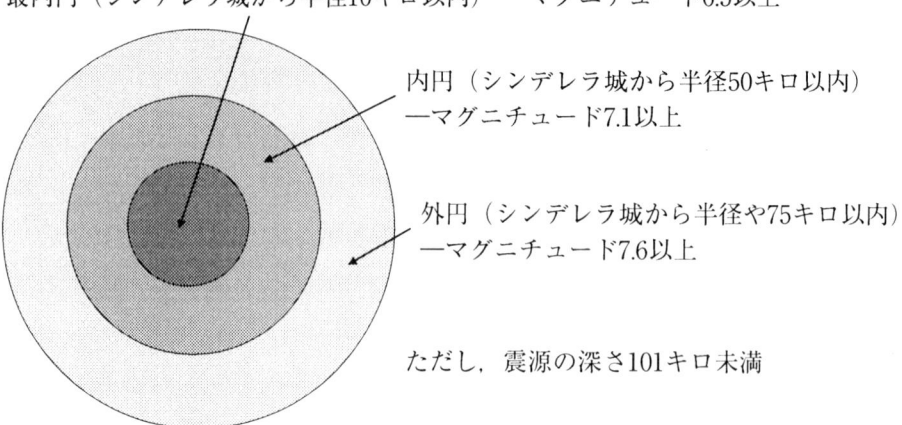

内円（シンデレラ城から半径50キロ以内）
―マグニチュード7.1以上

外円（シンデレラ城から半径や75キロ以内）
―マグニチュード7.6以上

ただし，震源の深さ101キロ未満

出典：甲斐良隆他『リスクファイナンス入門』。

○ CATボンドの特徴

伝統的な再保険によるリスク処理ではなく，資本市場でリスク分散を行おうというものです。

CATボンドのメリット	CATボンドのデメリット
・資本市場の活用によって巨大リスクを処理可能。 ・投資家に対しては，新しい投資対象の提供。	・証券化・プライシングにかかる技術コストは小さくない。 ・投資家が見つからない可能性もあり。 ・市場依存のため継続的なリスク引受けの保証なし。

（2）キャプティブ

キャプティブとは保険子会社の意味であり，親会社のリスクをキャプティブに移転した場合，グループ全体でみればリスク保有の一形態といえます。

キャプティブの例

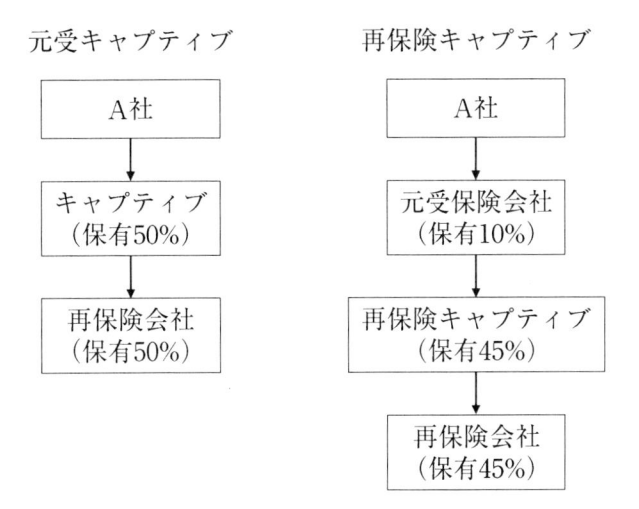

元受キャプティブ

```
A社
 ↓
キャプティブ
（保有50%）
 ↓
再保険会社
（保有50%）
```

再保険キャプティブ

```
A社
 ↓
元受保険会社
（保有10%）
 ↓
再保険キャプティブ
（保有45%）
 ↓
再保険会社
（保有45%）
```

出典：後藤和廣『リスクマネジメントと保険』をもとに作成。

キャプティブのメリット	キャプティブのデメリット
・リスクの移転に比し，手数料が節約できる。 ・保険料の蓄積により，キャッシュフローに好影響を与える。 ・再保険市場に接近でき，企業の意向を反映したリスク処理が可能となる。 ・自社の損失発生状況に基づく保険料率の算出が可能になる。	・保険会社，ブローカー，弁護士等専門家の援助がないと運営が困難。 ・巨額のリスクは保有できない。 ・保険会社の設立経費が必要であり，リスクが小さすぎると採算が合わない。 ・小規模のキャプティブでは再保険が十分買えない。

（3）天候デリバティブ

○天候デリバティブとは

　気象変動などによる収益低下をヘッジする取引です。あらかじめ気象要因（気温，降水量等）を指数化し，実際の気象現象によって得られた指数との差異に応じて，資金の授受を行います。

○天候デリバティブの例

　清涼飲料卸売会社の契約例では，オプション料が50万円で，7～9月の1日当たり平均日照時間が2時間54分を6分下回るごとに25万円が支払われます。

天候デリバティブのメリット	天候デリバティブのデメリット
・価格リスクに対するヘッジ機能に優れる。 ・損害査定が不要であり，支払いが迅速。	・実際の損害額が補償される保証はない。 ・投機的要素が入り込む余地が大きい。

設問21

代表的なARTであるCATボンド，キャプティブ，天候デリバティブについて，それぞれ保険とどう異なるかを説明しなさい。

CHECK LIST
チェックリスト

- ☐ リスクファイナンスの種類を理解しましたか。
- ☐ 主な企業向け損害保険を理解しましたか。
- ☐ 主な企業向け生命保険を理解しましたか。
- ☐ ARTとは何か説明できますか。
- ☐ CATボンドとは何か説明できますか。
- ☐ キャプティブとは何か説明できますか。
- ☐ 天候デリバティブとは何か説明できますか。

Chapter 7

内部統制とリスクマネジメント（米国）

❶ エンロン事件

（1）事件の概要

　エンロン社は，1985年にHuston Natural Gas社とInterNorth社が合併して設立されました。創業後わずか15年で米国エネルギー業界のトップ商社となり，2001年のフォーチュン500社では全米7位にランクされました。

　CFO（最高財務責任者）は1997年〜2001年に自ら出資する特定目的会社を利用した簿外取引で巨額の損失隠しを行っていました。2001年10月，11月に財務諸表の訂正を発表し，1997年〜2001年に遡り約10億ドルの純利益が減少することを明らかにしました。2001年12月2日に連邦破産法第11章を申請し経営破綻しました。

（2）監査法人アーサー・アンダーセン

　エンロン社の簿外取引には，同社の監査を担当していた監査法人アンダーセンが，立案段階から広範に関与し報酬を得ていました。2001年2月エンロンの特別目的会社の取引の問題が内部で真剣に議論されましたが，本社判断により取引継続を決めています。エンロン破綻直前，組織的に書類を破棄し不正経理の証拠隠滅を図っていたことがわかっています。2002年9月に，90年の歴史に幕をおろし廃業しました。従業員は8.5万人だったといいます。

② 米国のその他の不正会計事件

米国においては，エンロンのほかにも次のような不正会計事件が相次いで発生しました。

企業名	概　要
グローバル・クロッシング（通信）	元従業員の告発を受け社内調査を実施。2001年12月期の年次報告の提出を延期せざるをえなかった。2002年1月倒産。
ゼロックス（事務機器）	将来収入の不正な前倒し計上などで，売上高を30億ドル粉飾した疑惑。SECは，同社に10百万ドルの民事制裁金を課した。
アデルフィア・コミュニケーション（ケーブルテレビ）	創業者一族が所有する企業の借入金に絡み，多額の債務保証の存在が表面化した。2002年6月倒産。
ワールドコム（通信）	巨額の粉飾決算（総額38億ドル）の発覚とCEOに対する相当額の不明朗な融資が発覚。2002年7月倒産。

出典：土屋守章他『コーポレート・ガバナンス論─基礎理論と実際』。

③ エンロン事件への米国の対応

エンロン事件は，投資家を欺く重大な企業不祥事ととらえられ，米国政府，議会は迅速に対処しました。エンロン破綻から約半年後には，同様の不正会計事件を防止するための改革法であるSOX法が成立しています。

年月日	対　応
2001.12.2	エンロン社連邦破産法申請
2002.2.1	Power's Report エンロン調査報告
2002.3.7	大統領10ポイント計画
2002.4.24	下院，オクスリー法可決
2002.6.6	NYSE（ニューヨーク証券取引所）上場基準改正案
2002.6.26	SEC（米国証券取引委員会）Public Accountability Board の提案
2002.7.15	上院，サーベインズ法可決
2002.7.24	上・下院　サーベインズ・オクスリー法可決

④ 米国企業改革法（SOX法）

　SOX法は，エンロンのような事件を防止するためのいわば対症療法的改革法であり，次のような内容を含んでいます。

○企業統治関連制度の改正
　企業統治（コーポレート・ガバナンス）を強化する観点から，監査委員会の監視機能強化や経営者の報酬返還義務の創設等がなされた。

○ディスクロージャーの強化
　投資家に対して，適切な情報を即座に提供する観点から，経営者による開示内容の適正性および内部統制の有効性に関する証明書の作成，プロ・フォーマの（仮の）財務情報の規制，重要情報の即時開示等が求められることとなった。

○監査法人の独立性強化
　監査法人，公認会計士の独立性を強化し，質の高い監査を実施する観点から，監査法人の提供するコンサルティング業務の制限，監査法人の5年ごとの交代，監査法人の監視機関の創設がなされた。

○罰則の強化
　経営者等の不正取引や粉飾決算を防止するため，不正取引に関する罰則の強化，経営者による財務諸表の証明義務違反や証券法令違反に関する罰則の強化，役員就任の制限，内部告発者の保護規定等が整備された。

⑤ COSO内部統制フレームワーク

　COSOは，正式名をThe Committee of Sponsoring Organizations of the Treadway Commissionといい，1987年9月に『不正な財務報告』を公表した「不正な財務報告全米委員会」(The National Commission on Fraudulent Financial Reporting：通称「トレッドウェイ委員会」)を支援した5つの民間の団体で構成されて

います。5つの民間の団体とは、アメリカ会計学会、アメリカ公認会計士協会、国際財務担当経営者協会、管理会計士協会、内部監査人協会です。

　COSOは、1992年に内部統制に関するガイドラインである「COSO内部統制フレームワーク」を公表しています。

○背　景
　1980年代の米国における粉飾決算多発、会計監査不信、S&Lを中心とするずさんな財務報告に起因する会計危機の発生を背景に、ガイドラインが策定されたものです。

○内部統制の目的
　業務の有効性と効率性、財務報告の信頼性、関連法規の遵守の3つが、内部統制の目的とされています。

○内部統制の構成要素
　統制環境、リスクの評価、統制活動、情報と伝達、監視活動の5つが、内部統制の構成要素とされています。

　図はいわゆるCOSOキューブといわれるものであり、キューブの天井は内部統制の目的、前面は内部統制の構成要素、横面は内部統制を実施する事業単位を示しています。

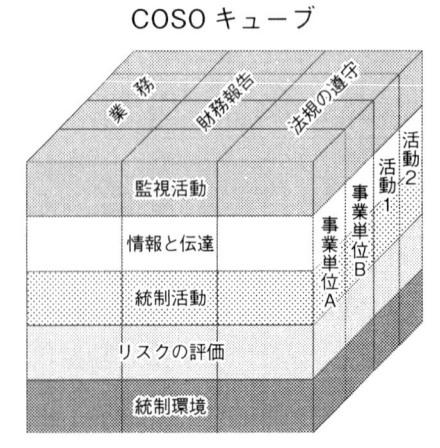

COSOキューブ

出典：鳥羽至英他共訳『内部統制の統合的枠組み　理論編』をもとに作成。

⑥ COSO-ERM

　COSOは，2004年に「全社的リスクマネジメントの枠組み」(COSO-ERM) を公表します。COSO-ERMでは，内部統制のフレームワークを基礎として，その上位に全社的リスクマネジメント（ERM）を位置づけたのです。

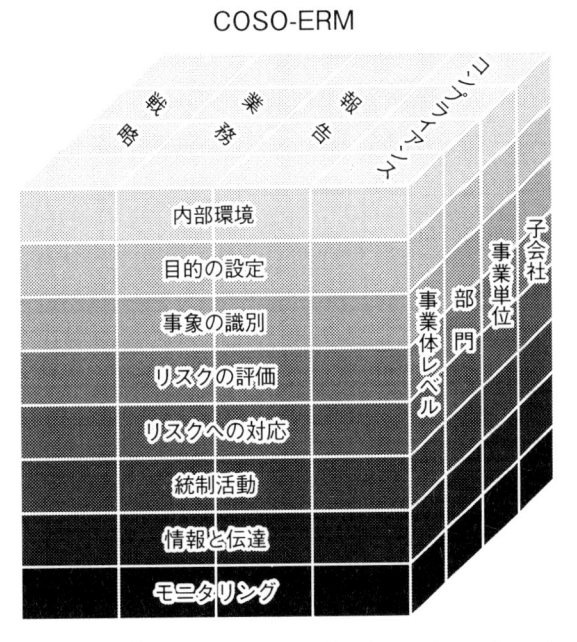

COSO-ERM

出典：八田進二監訳『全社的リスクマネジメント フレームワーク篇』。

〇リスクの定義

　COSO-ERMでは，riskを「目的達成を阻害する影響を及ぼす事象が生じる可能性」と定義し，その逆の不確実性であるopportunity（事業機会）を「目的達成にプラスの影響を及ぼす事象が生じる可能性」として定義しています。

　ERMの効果としては，「ERMによって，経営者はリスクや事業機会に有効に対応でき，それによって事業体の価値を創造する事業体の能力を向上させることができる」としています。

○ COSO 内部統制フレームワークと COSO-ERM の比較

設問22

COSO-ERM は，COSO 内部統制フレームワークをどのように発展させたか，説明しなさい。

○ ERMの構成要素

構成要素	内　容
内部環境	経営者は，リスクについての考え方を定めて，リスク選考を決める。内部環境は，リスクとコントロールを事業体の人々がどのように捉えて対処するかということの基礎である。
目的の設定	経営者が目的の達成に潜在的な影響を及ぼす事象を識別する以前に，目的は存在していなければならない。ERMは，経営者が目的を設定するプロセスをきちんと持つこと，およびその目的が事業体のミッションを支援し，ミッションとリスク選考の整合性を保証するものである。
事象の識別	事業体に影響を与える可能性のある潜在的な事象を識別しなければならない。リスクを表す事象，事業機会を表す事象，両方を表す事象を含む。
リスクの評価	識別されたリスクは，それらをどのように管理されるかを決める基礎とするために分析される。そのリスクが本来持つ固有ベース，および残余ベースの両方で，発生可能性と影響度を考慮して評価される。
リスクへの対応	組織内のすべての者は，リスクの回避，受容，低減および共有などの可能なリスク対応策を識別し，評価する。経営者は，一連の活動を選択する。
統制活動	経営者が選択したリスク対応策が有効に実行されることを保証する手助けとして，方針や手続きが設定され，実施される。
情報と伝達	関連する情報は，組織内のすべての者に各自の役割と責任を周知するよう，明確に伝達される。
モニタリング	ERMの全体はモニターされ，適宜補正される。モニタリングは，継続的な経営活動，ERMの独立した評価，あるいはその組合せ，といった方法で遂行される。

出典：八田進二監訳『全社的リスクマネジメント フレームワーク篇』をもとに作成。

CHECK LIST
チェックリスト

- ☐ エンロン事件を理解しましたか。
- ☐ SOX法とは何か理解しましたか。
- ☐ COSOキューブを理解しましたか。
- ☐ ERMを理解しましたか。
- ☐ COSO-ERMは，COSO内部統制フレームワークをどのように発展させたか，理解しましたか。

memo

Chapter 8

内部統制とリスクマネジメント（日本）

❶ 会 社 法

　2006年5月に施行された会社法では，内部統制関連の規定が新設されました。すなわち，「取締役会の職務の執行が法令及び定款に適合することを確保する体制」「業務の適正を確保する体制」の整備は，取締役会の専決事項とされたのです。さらに，大会社（資本金5億円以上または負債総額200億円以上の会社）にはその整備が義務付けられました。

会社法362条
4．取締役会は，次に掲げる事項その他の重要な業務執行の決定を取締役に委任することができない。
　六．取締役会の職務の執行が法令及び定款に適合することを確保するための体制その他株式会社の業務の適正を確保するために必要なものとして法務省令で定める体制の整備
5．大会社である取締役会設置会社においては，取締役会は，前項第六号に掲げる事項を決定しなければならない。

> 会社法施行規則100条（法務省令）
> 法第362条第4項第6号に規定する法務省令で定める体制は，次に掲げる体制とする。
> 1　取締役会の職務の執行に係る情報の保存及び管理に関する体制
> 2　損失の危険の管理に関する規程その他の体制
> 3　取締役の職務の執行が効率的に行われることを確保するための体制
> 4　使用人の職務の執行が法令及び定款に適合することを確保するための体制
> 5　当該株式会社並びに親会社及び子会社から成る企業集団における業務の適正を確保するための体制

○規定新設の背景

　2002年5月の商法改正時に，大和銀行事件判決や神戸製鋼所事件の所見を踏まえ，委員会設置会社に導入されました。新会社法においては，その適用範囲を取締役会設置会社にまで拡大したのです。

＜大和銀行事件判決＞

> 　1995年に大和銀行ニューヨーク支店のトレーダーが米国債の不正売買によって11億ドルの損失を発生させた事件に関し，同行の株主が取締役ら38人を相手どって提起した株主代表訴訟において，大阪地裁は当時の取締役および監査役11名に対して総額7億7,500万ドルの損害賠償を認定したものであるが，取締役には善管注意義務および忠実義務の一環としてリスク管理体制の構築・監視の責任があり，監査役には善管注意義務の一環としてリスク管理体制の整備を監査すべき職務を負うと判示した。

<神戸製鋼所事件所見>

> 総会屋へ利益供与をするなどして会社に損害を与えたとして提起された株主代表訴訟について，2002年4月に，神戸製鋼所の元役員7人は和解に応じたが，この和解にあたり神戸地裁が出した所見には，「大企業の取締役は，内部統制システムを整備し，違法行為を防止する法律上の義務がある」と指摘している。

❷ 金融商品取引法（日本版SOX法）

2006年6月成立した金融商品取引法は，財務報告に関する内部統制規定が盛り込まれ，日本版SOX法とも呼ばれています。上場会社は，財務報告に関する内部統制の有効性を評価した内部統制報告書を作成・提出すること，また，その内部統制報告書は公認会計士または監査法人の監査を受けることが規定されました。この財務報告に関する規定は，2008年4月1日以降開始の事業年度に適用されています。

> 金融商品取引法
> 24条　第1項の規定による有価証券報告書を提出しなければならない会社のうち，第24条第1項第1号に掲げる有価証券の発行者である会社その他の政令で定めるものは，事業年度ごとに，当該会社の属する企業集団及び当該会社に係る財務計算に関する書類その他の情報の適正性を確保するために内閣府令で定めるところにより評価した報告書（以下「内部統制報告書」）を有価証券報告書と併せて内閣総理大臣に提出しなければならない。

○規定新設の背景

米国のサーベインズ・オクスリー法（SOX法）の一連の規定に対応するものです。

○留意点

財務報告に関する内部統制に限定されており、その範囲は、会社法の規定する範囲（内部統制全般）より狭くなっています。

❸ 内部統制・リスクマネジメント関連の指針

（1）JISQ2001

「JISQ2001：リスクマネジメントシステム構築のための指針」が2001年3月に公表されました。その後、ISO31000の発行に伴い一致規格であるJISQ31000が発行したことを受け、JISQ2001は廃止されました（2010年）。

○指針新設の背景

1995年1月の阪神・淡路大震災を契機に日本は危機管理システムの標準化の検討を開始しましたが、国際的な潮流に呼応して1998年にリスクマネジメントに用語変更してJIS規格化を図ることとしました。

○指針の特徴

・推奨規格

さまざまなリスクに共通なリスクマネジメントシステム構築のための原則を提供することによって、関係者間でのリスクに関する用語・概念が共通認識化されることを意図しています。

・リスクの定義

「事態の確からしさとその結果の組合せ、又は事態の発生確率とその結果の組合せ」

純粋リスクのみならず投機的リスクも包含する定義となっていますが、主に好ましくない結果をいかに低減するかに重点が置かれています。

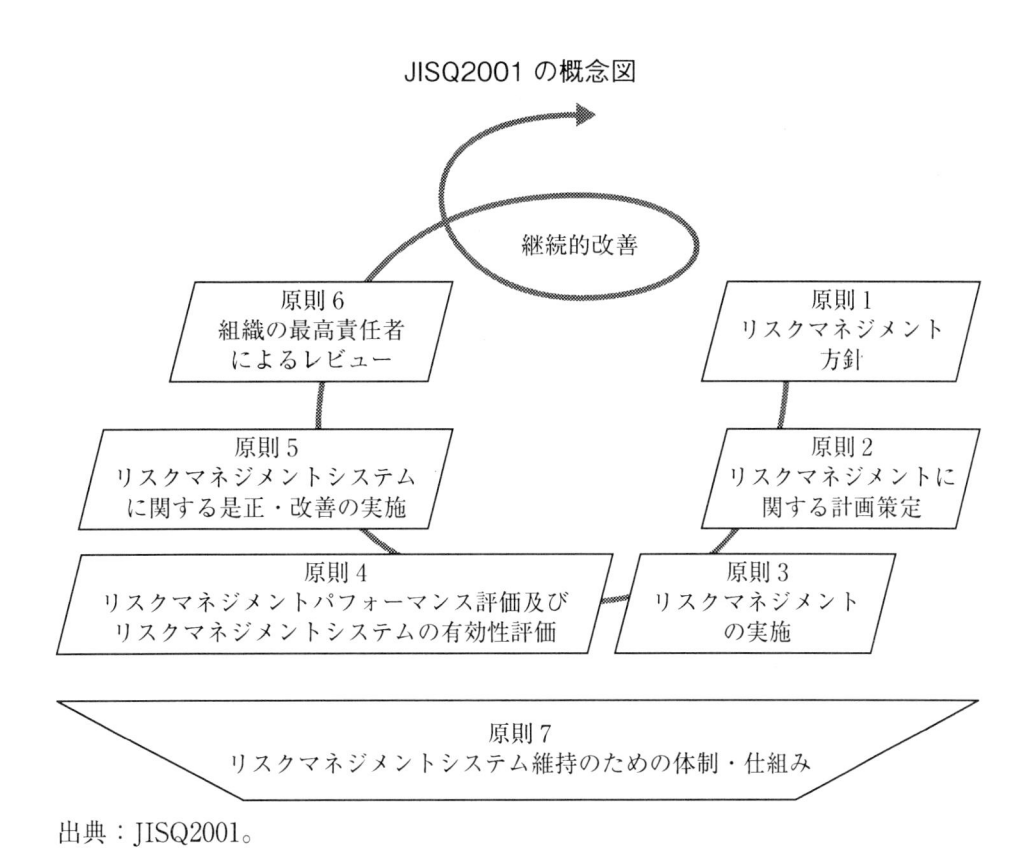

JISQ2001 の概念図

```
          継続的改善
              ↻

  原則6                    原則1
  組織の最高責任者            リスクマネジメント
  によるレビュー              方針

  原則5                    原則2
  リスクマネジメントシステム     リスクマネジメントに
  に関する是正・改善の実施       関する計画策定

  原則4                    原則3
  リスクマネジメントパフォーマンス評価及び  リスクマネジメント
  リスクマネジメントシステムの有効性評価    の実施

         原則7
  リスクマネジメントシステム維持のための体制・仕組み
```

出典：JISQ2001。

（2）リスク新時代の内部統制

　経済産業省経済産業政策局長の私的研究会「リスク管理・内部統制に関する研究会」は，2003年6月に「リスク新時代の内部統制―リスクマネジメントと一体となって機能する内部統制の指針―」を公表しました。

○指針の目的

　企業がコーポレートガバナンスの一環として内部統制を整備する場合ならびに内部統制の取組状況を市場に開示する場合に活用してもらうこと，ならびに公認会計士や司法が企業の内部統制を評価する際に参考としてもらうことを目的としています。

○指針の概要

　健全な内部統制環境と円滑な情報伝達といった内部統制の基盤を整備し，これに基づき，経営者層・管理者層・担当者層がそれぞれの職務に応じてPDCAサ

イクルを回してリスクマネジメント・内部統制の仕組みを継続的にコントロール・モニタリングし，改善を図るとともに，各階層間でもコントロール・モニタリングが必要である，としています。

〇リスクの定義
　「事象発生の不確実性」と定義し，損失等発生の可能性のみならず，新規事業進出による利益または損失の発生可能性も含むものとしています。

（3）コーポレートガバナンス及びリスク管理・内部統制に関する開示・評価の枠組みについて

　経済産業省経済産業政策局長の私的研究会「企業行動の開示・評価に関する研究会」は，2005年7月に「コーポレートガバナンス及びリスク管理・内部統制に関する開示・評価の枠組みについて―構築及び開示のための指針―」を公表しました。

〇指針の概要
　企業経営者は，不祥事の未然防止を図り，ひいては企業価値を向上させていくため，それぞれの企業の実態，特性に適したコーポレートガバナンスおよびリスク管理・内部統制について，自主的に構築および開示していくことを推奨しています。

〇リスク管理の定義
　「企業経営者が企業経営を行い利益を追求していく上で，企業を取り巻く様々な事象が抱えている不確実性（企業経営にマイナスの影響を与える不確実性だけでなく，プラスの影響を与えるそれも含む）というリスクに個々に対応するのではなく，経営理念，事業目的等に照らして経営に重大な影響を及ぼすリスクを企業経営者が認識・評価し対応していくマネジメントの一つ」と定義しています。

コーポレートガバナンス及びリスク管理・内部統制に関する指針の全体図

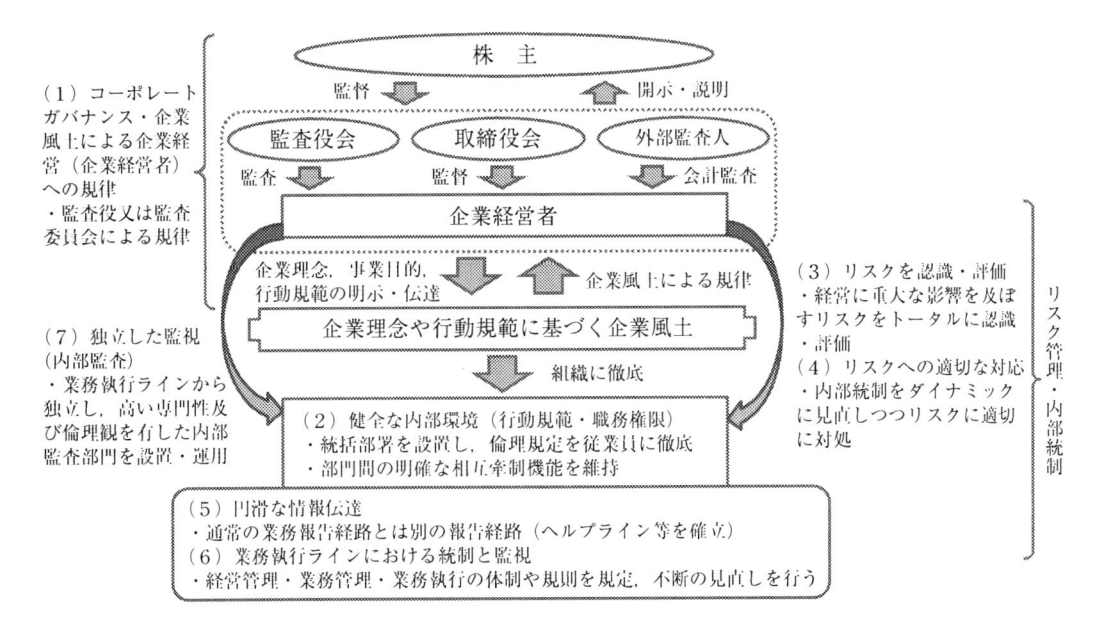

```
                            株　主
                      監督 ↓    ↑ 開示・説明
              監査役会   取締役会   外部監査人
               監査 ↓    監督 ↓    会計監査 ↓
                        企業経営者
                企業理念，事業目的，  ↑
                行動規範の明示・伝達    企業風土による規律
                   ↓
                企業理念や行動規範に基づく企業風土
                   ↓ 組織に徹底
                （2）健全な内部環境（行動規範・職務権限）
                ・統括部署を設置し，倫理規定を従業員に徹底
                ・部門間の明確な相互牽制機能を維持

                （5）円滑な情報伝達
                ・通常の業務報告経路とは別の報告経路（ヘルプライン等を確立）
                （6）業務執行ラインにおける統制と監視
                ・経営管理・業務管理・業務執行の体制や規則を規定，不断の見直しを行う
```

(1) コーポレートガバナンス・企業風土による企業経営（企業経営者）への規律
・監査役又は監査委員会による規律

(7) 独立した監視（内部監査）
・業務執行ラインから独立し，高い専門性及び倫理観を有した内部監査部門を設置・運用

(3) リスクを認識・評価
・経営に重大な影響を及ぼすリスクをトータルに認識・評価
(4) リスクへの適切な対応
・内部統制をダイナミックに見直しつつリスクに適切に対処

リスク管理・内部統制

出典：コーポレートガバナンス及びリスク管理・内部統制に関する開示・評価の枠組みについて。

❹ 米国の指針との関係

　日本の会社法・金融商品取引法（J-SOX法）と米国の指針との関係は次のようになります。

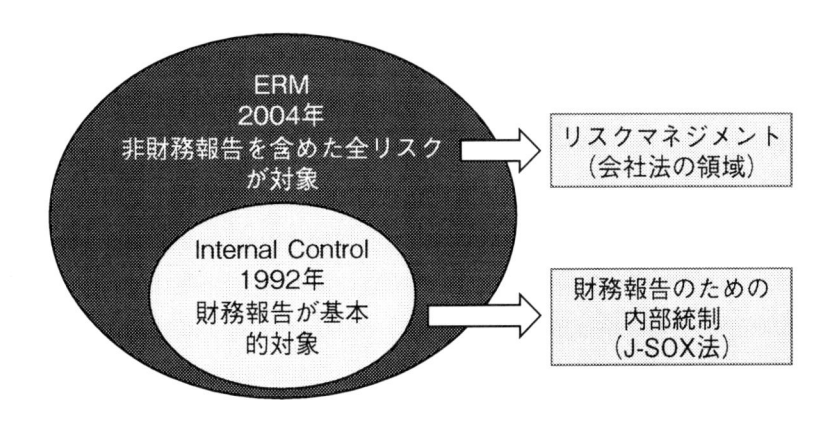

```
      ┌─────────────────┐
      │   ERM              │
      │   2004年            │──→  リスクマネジメント
      │   非財務報告を含めた全リスク    （会社法の領域）
      │   が対象            │
      │  ┌───────┐      │
      │  │Internal Control│    │
      │  │1992年         │──→  財務報告のための
      │  │財務報告が基本   │      内部統制
      │  │的対象          │      （J-SOX法）
      │  └───────┘      │
      └─────────────────┘
```

Chapter 8　内部統制とリスクマネジメント（日本）　| 59

CHECK LIST
チェックリスト

- ☐ 会社法の内部統制関連規定を理解しましたか。
- ☐ 金融商品取引法の内部統制関連規定を理解しましたか。
- ☐ 内部統制・リスクマネジメントに関する日本の指針にはどのようなものがあるか理解しましたか。
- ☐ 会社法，金融商品取引法と米国の指針との関係を理解しましたか。

Chapter 9

コーポレートガバナンス・コンプライアンスとリスクマネジメント

❶ コーポレートガバナンス

(1) コーポレートガバナンスとは

　コーポレートガバナンスは，企業統治と訳されますが，一般には企業経営者に対する規律づけと考えられます。この問題が認識されはじめたのは，1932年に米国の経営学者バーリとミーンズが，その共著において米国大企業に所有と経営の分離が生じていることを指摘したことにはじまります。企業の所有者である株主の利益をどのようにして経営者に追求させるかということが重要な問題となったのです。

　しかしながら，企業には株主のほかにも，顧客，従業員，取引先，金融機関，地域住民など多くの利害関係者（ステークホルダ）があり，経営者に対する規律づけとして誰の利益を守っていくべきかという問題については，現在に至るまでさまざまな議論があるところです。おおまかにいえば，米国・英国では中心的利害関係者を株主とし，ドイツ・フランス・日本では株主の他に従業員も中心的利害関係者ととらえて，議論が展開されてきたといえます。

（土屋守章他『コーポレート・ガバナンス論─基礎理論と実際』，小佐野広『コーポレート・ガバナンスの経済学』を参考に記述）

(2) OECD 原則

　OECD（経済協力開発機構）は，1997年に発生したアジア経済危機を背景に，コーポレートガバナンスに関する法的・制度的枠組み等を評価し改善するための指針として，OECDコーポレート・ガバナンス原則を策定し，1999年に公表しました。その後，米国で2001年のエンロン事件，2002年のワールドコム事件など経営者が関与した不正会計事件が発生したことなどを受けて，見直しを行い，2004年に改訂OECD原則が公表されています。

改訂 OECD 原則

原　　則	概　　要
有効なコーポレート・ガバナンスの枠組みの基礎の確保	コーポレート・ガバナンスの枠組みは，透明で効率的な市場を促進し，法の原則と整合的で，異なる監督・規制・執行当局間の責任分担を明確にするものでなければならない。
株主の権利及び主要な持分機能	コーポレート・ガバナンスの枠組みは，株主の権利を保護し，また，その行使を促進するべきである。
株主の平等な取扱い	コーポレート・ガバナンスの枠組みは，少数株主，外国株主を含む，すべての株主の平等な取扱いを確保するべきである。すべての株主は，その権利の侵害に対して，有効な救済を得る機会を有するべきである。
コーポレート・ガバナンスにおけるステークホルダー（利害関係者）の役割	コーポレート・ガバナンスの枠組みは，法律または相互の合意により確立されたステークホルダー（利害関係者）の権利を認識すべきであり，会社とステークホルダー（利害関係者）の積極的な協力関係を促進し，豊かさを生み出し，雇用を創出し，財務的に健全な会社の持続可能性を高めるべきである。
開示及び透明性	コーポレート・ガバナンスの枠組みにより，会社の財務状況，経営成績，株主構成，ガバナンスを含めた，会社に関するすべての重要項目について，適時かつ正確な開示がなされることが確保されるべきである。
取締役会の責任	コーポレート・ガバナンスの枠組みにより，会社の戦略的方向付け，取締役会による経営陣の有効な監視，取締役会の会社および株主に対する説明責任が確保されるべきである。

出典：日本コーポレート・ガバナンス・フォーラム『OECDコーポレート・ガバナンス改訂OECD原則の分析と評価』。

(3) コーポレートガバナンスとリスクマネジメント

　2005年に経済産業省の研究会が公表した「コーポレートガバナンス及びリスク管理・内部統制に関する開示・評価の枠組について」においては，コーポレートガバナンスを「企業経営を規律するための仕組」と定義しています。企業活動を担うのは企業経営者であるので，基本的には，企業経営者（代表取締役社長といった経営トップのみならず経営を執行する経営陣を指す）をどう規律するかという問題，としています。

〇リスク管理（リスクマネジメント）との関係

　企業経営者は経営理念・事業目的・行動規範を徹底することにより根付いた企業風土に自らも規律されるようになるが，企業経営者に問題があってこうした自律的なコーポレートガバナンスが機能しない場合には，企業経営者以外の者が適切なリスク管理・内部統制の整備・運用がなされているか等の監督または監視・検証を行うことによってコーポレートガバナンスの機能強化を図ることが必要であるとしています。

　会社法においては，リスクマネジメント体制（損失の危険の管理に関する規程その他の体制）は，株式会社の業務の適正を確保するために必要な体制であると規定され（会社法362条4項6号，会社法施行規則100条），コーポレートガバナンス体制（取締役会の職務の執行が法令及び定款に適合することを確保するための体制）とともに，取締役会の専決事項とされています（会社法362条4項）。

❷ コンプライアンス

(1) コンプライアンスとは

　コンプライアンスの翻訳として，「法令遵守」が使用されますが，遵守する対象は法令のみにとどまらず，自主基準，社内規定，さらには社会規範にまで及ぶというように解釈されています。すなわち，コンプライアンスとは，「企業が株主利益の最大化を追求し，あるいは顧客等に製品やサービスを提供する過程で行うさまざまな事業活動が，社会一般に求められるルールに準拠していること」といえます。

(2) 米国の動向
○導入の契機
　1970年代のウォーターゲート事件・ロッキード事件等の大型経済犯罪を契機に企業モラルの改革を求める声が強まり，比較的早い段階からコンプライアンスプログラム導入の動きが出てきました。

○米国連邦量刑ガイドライン
　1991年，米国連邦政府がリリースしたもので，企業の従業員が不正行為を犯した場合でも，有効なコンプライアンス体制が構築されている場合は，罰金等の量刑を軽減する旨を定めています。

米国連邦量刑ガイドラインの判断基準

> ① 犯罪行為を合理的に予防することが可能な遵守基準と手続きが設定されていること。
> ② 上記の遵守基準と手続きを監督する責任者として，特定の上位役職者が任命されていること。
> ③ 違法行為をするおそれのある人物に，裁量範囲の広い権限が委譲されていないこと。
> ④ すべての従業員に対し，研修への参画やマニュアルを配布するなど，企業が決めた遵守基準や手続きを周知徹底させるための必要な措置が講じられていること。
> ⑤ 違法行為を発見するための効果的な監視システムや，発見した違法行為を発見者が不利益を被ることなく報告できるシステムが採用されていること。
> ⑥ 遵守基準や手続きを徹底して実施するための適切な懲戒制度が存在すること。
> ⑦ 発見された違法行為に対し，必要な再発防止策が講じられていること。

○サーベインズ・オクスリー（SOX）法
　企業の財務報告が適正であることをCEOやCFOが宣誓することを義務付け，

虚偽の決算報告があったような場合は，経営幹部に最長で20年の禁固刑を科すことを定めています。

(3) 日本の動向
○導入の契機
　バブル経済の崩壊と前後して，贈収賄，総会屋への利益供与，違法販売行為，インサイダー取引などの企業不祥事が，1980年代後半から1990年代にかけて次々と明るみになりました。

○企業行動憲章
　1991年，経済団体連合会（現，日本経済団体連合会）が企業行動憲章を策定しています。1996年改定，2002年再改定，2004年CSR（企業の社会的責任）の視点を踏まえ3回目の改定がなされています。

日本経団連「企業行動憲章」10原則

---

① 社会的に有用な製品，サービスを安全性や個人情報・顧客情報の保護に十分配慮して開発，提供し，消費者・顧客の満足と信頼を獲得する。
② 公正，透明，自由な競争ならびに適切な取引を行う。また，政治，行政との健全かつ正常な関係を保つ。
③ 株主はもとより，広く社会とのコミュニケーションを行い，企業情報を積極的かつ公正に開示する。
④ 従業員の多様性，人格，個性を尊重するとともに，安全で働きやすい環境を確保し，ゆとりと豊かさを実現する。
⑤ 環境問題への取組は人類共通の課題であり，企業の存続と活動に必須の要件であることを認識し，自主的，積極的に行動する。
⑥ 「良き企業市民」として，積極的に社会貢献を行う。
⑦ 市民社会の秩序や安全に脅威を与える反社会的勢力および団体とは断固として対決する。
⑧ 国際的な事業活動においては，国際ルールや現地の法律の遵守はもとより，現地の文化や慣習を尊重し，その発展に貢献する経営を行う。

> ⑨ 経営トップは，本憲章の精神の実現が自らの役割であることを認識し，率先垂範の上，社内に徹底するとともに，グループ企業や取引先に周知させる。また，社内外の声を常時把握し，実効ある社内体制の整備を行うとともに，企業倫理の徹底を図る。
> ⑩ 本憲章に反するような事態が発生したときには，経営トップ自らが問題解決にあたる姿勢を内外に明らかにし，原因究明，再発防止に努める。また，社会への迅速かつ的確な情報の公開と説明責任を遂行し，権限と責任を明確にした上，自らを含めて厳正な処分を行う。

○法制度

公益通報者保護法が，2004年に制定され，2006年に施行されています。

企業不祥事は多くの場合，従業員による内部告発で発覚しますが，内部告発者には企業から報復を受けるリスクがあります。この法律は，公益に資する告発について公益通報者の保護を図り，併せて事業者による法令遵守促進を図ることを目的としています。この法律は，事業者に義務を課す規制法ではありませんが，ヘルプラインを整備するなどコンプライアンス経営をいっそう進めることが期待されています。

・対象となる通報

個人の生命や身体の保護，消費者の利益の擁護，環境の保全，公正な競争の確保などに加え，国民の生命・身体・財産その他の利益の保護にかかわる法律に規定する犯罪行為など。

・対象となる法律

刑法，食品衛生法，証券取引法，JAS（日本農林規格）法，大気汚染防止法，廃棄物処理法，個人情報保護法，その他政令で定めた406本の法律。

・公益通報者の保護

解雇の無効，労働者派遣契約の解除の無効，降格・減給など不利益な取扱いの禁止。

・通報先と保護要件

事業者内部—不正の目的でないこと。

行政機関—上記に加え，真実相当性があること。

事業者外部（マスコミ等）—上記に加え，証拠隠滅のおそれがあるなどの一定の要件を備えたもの。

（4）コンプライアンスとリスクマネジメント

COSO内部統制フレームワークにおいては，コンプライアンスは内部統制の目的の1つとされていました。COSO-ERMにおいては，コンプライアンスはERMにより達成されるべき組織の目的の1つとされています。

日本においては，コンプライアンス体制（使用人の職務の執行が法令および定款に適合することを確保するための体制）とリスクマネジメント体制（損失の危険の管理に関する規程その他の体制）は，ともに株式会社の業務の適正を確保するために必要な体制であると規定され（会社法362条4項6号，会社法施行規則100条），コーポレートガバナンス体制（取締役会の職務の執行が法令および定款に適合することを確保するための体制）とともに，取締役会の専決事項とされています（会社法362条4項）。

CHECK LIST
チェックリスト

- ☐ コーポレートガバナンスとリスクマネジメントの関係を理解しましたか。
- ☐ コンプライアンスとリスクマネジメントの関係を理解しましたか。

memo

Chapter 10

社会的責任（CSR）とリスクマネジメント

❶ CSR とは

　CSR（Corporate Social Responsibility）は，「企業の社会的責任」と翻訳されます。最新の国際規格 ISO26000 では，社会的責任を意識すべき主体として，企業のみならず公共・民間のすべての組織を念頭に置いているため，単に SR の用語が使用されています。

（1） 海外動向
○米　国
　2000 年代初頭に発生したエンロンやワールドコムの破綻を契機に，企業の規律を高める方策として CSR が認知されるようになりました。
　米国では，社会的責任投資（SRI）が早くから普及しており，投資家からの要請が企業の CSR の後押しとなった面もあります。

○欧　州
　環境問題，労働者の人権，高い失業率，移民流入による社会の多様性等の社会が抱える課題が CSR 普及に大きく影響しています。こうした問題に対し，企業は CSR を通じて社会の持続可能な発展に貢献を求められています。
　さらに，欧州では EU や各国政府が CSR に関する情報開示や法制化等公的規

制を通じて企業にCSR実践を求めています。

（2）国内動向

1990年代後半の企業不祥事（大手証券会社の損失補てん，食品メーカーの食中毒，自動車メーカーのリコール隠しなど）を受け，CSRへの関心が高まりました。

2000年代前半以降，国内外の投資家や格付機関からCSR取組状況関連のアンケートや質問が多数寄せられるようになり，CSR取組が企業評価の尺度として重要性が高まってきました。

❷ ISO26000

ISO26000は，社会的責任（SR）に関する手引を提供する国際規格であり，2010年11月1日に発行されています。

先進国および途上国の公共および民間両セクターのすべての組織が使用することが意図されています。この規格はISO9001やISO14001のように認証に用いるものではなく，あくまでも自主的な手引きとして位置づけられています。この規格は，組織が社会的責任に取り組むうえで，組織・そのステークホルダ・社会の関係を考慮すべきであるとし，自らの社会的責任を特定するための重要な中核課題として，組織統治，人権，労働慣行，環境，公正な事業慣行，消費者課題，コミュニティへの参画およびコミュニティの発展の7つを掲げています。

○ SRの定義

この規格では，SR（社会的責任）を「組織の決定及び活動が社会及び環境に及ぼす影響に対して，次のような透明かつ倫理的な行動を通じて組織が担う責任」と定義しています。

・健康および社会の繁栄を含む持続可能な発展に貢献する。
・ステークホルダの期待に配慮する。
・関係法令を順守し，国際行動規範と整合している。
・その組織全体に統合され，その組織の関係の中で実践される。

7つの中核課題

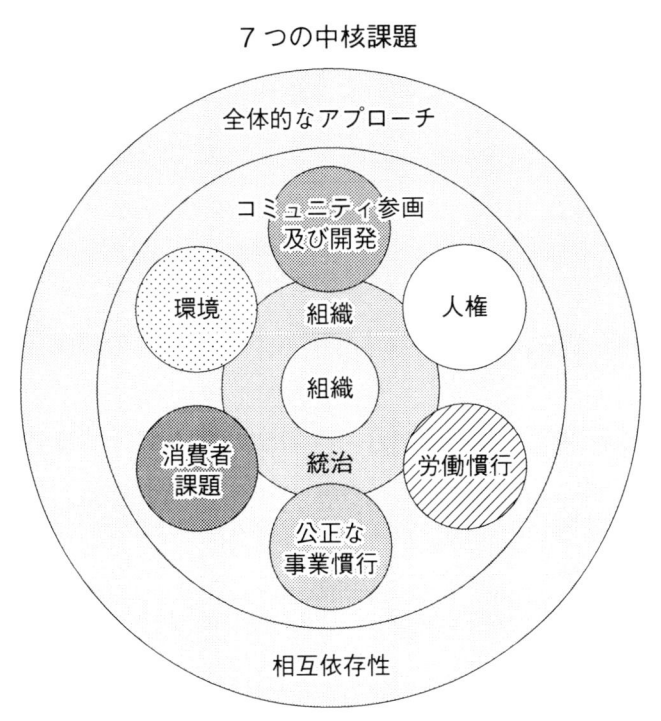

（図：7つの中核課題）
- 全体的なアプローチ
- コミュニティ参画及び開発
- 環境
- 人権
- 組織
- 消費者課題
- 統治
- 労働慣行
- 公正な事業慣行
- 相互依存性

出典：ISO/SR 国内委員会監修『日本語訳 ISO26000』。

❸ 中核課題の背景

　中核課題に人権，労働慣行，環境が取り上げられている背景としては，経済のグローバル化が進む中で，多国籍企業の事業に伴う途上国での環境問題，労働・人権の問題が，NGOやメディアによって明らかにされて多国籍企業が批判の対象となり，企業にはより社会的な責任が求められるようになってきていることがあります。代表的な事例として，次のようなものがあります。

○人　権

　石油メジャーであるシェルは1937年にナイジェリアで操業を開始したが，1960年の独立以降ほとんどが軍事政権下であったナイジェリアで環境に悪影響をもたらし，地元地域で貧困が続いていることを理由に，1987年頃からさまざまな部族による抗議運動の標的となった。抗議活動家の逮捕をきっかけに国際世論がナイジェリアでのシェルの活動に注目するようになり，英国ではシェルが軍事政権を暗黙裡に承認していたことについて激しい非難が起こった。シェルは環

境や貧困は政治の問題であると反論したが，ついには1997年に経営方針を修正して，「企業の正当な役割として基本的人権を支持する」旨を表明せざるを得なくなった。

○労働慣行

　ナイキは，1998年には米国のスポーツシューズ市場の約40％を占めた世界有数のメーカーである。ナイキの戦略は，コスト削減のために全生産工程を途上国に外部委託することであったが，1980年代後半からメディアがインドネシアやベトナムでの下請工場の労働条件に注目するようになり，賃金の低さや労働環境の悪さが糾弾された。たとえば，ナイキのベトナムにおけるテックァンビナ工場では，発がん物質のトルエンが工場内で現地基準の177倍も検出され，工場労働者の77％に呼吸器系の疾患があったと報告されている。また，ベトナムの国内法違反の週65時間労働がなされ，10ドルの給料しか支払われていなかったという。米国において大規模な不買運動が広がり，ナイキの株価は1998年5月には前年比60％にまで下落した。ナイキは当初，独立した下請業者の労働条件について責任を負うものではないと主張したが，世論はそれを許さなかったのである。

○環　境

　シェルは，使われなくなった石油貯蔵プラットフォームを北海の底に沈めて廃棄しようとしていたが，国際的な環境NGOであるグリーンピースが1995年に大規模な抗議活動を展開した。シェルのガソリン不買運動が欧州全体に広がり，ガソリンスタンドも破損行為を受けた。最終的にシェルは，深海投棄をあきらめ，膨大な追加コストをかけて陸上廃棄することとなった。この方針変更が環境の質的改善に貢献があったかどうかは明らかではないが，シェルに対する世間のCSR期待の大きさを示すものであった。

④ CSR報告書

　企業とステークホルダとの関係においては，企業はステークホルダに対し透明性を高め，情報の開示を行うことが重要視されるようになってきています。そのためには，財務データの信頼性を高めると同時に，社会・環境にかかわる非財務

データについても，積極的な開示が求められるようになっています。これを受けてわが国でも，2003～2004年頃からステークホルダに事業の社会的・環境的側面に関するデータや，その経営体制について，情報開示を行う「CSR報告書」（サステナビリティ報告書，社会・環境報告書の名称も用いられる）の作成を行う企業が増えてきています。2010年には，東証1部上場企業1,665社中40.8％にあたる679社がCSR報告書または環境報告書を発行しています（銀泉リスクソリューションズ調べ）。

　CSR報告書の作成にあたっては，グローバルなレポーティングガイドラインを作成しているGRI（Global Reporting Initiative）を参考にするケースが増えています。GRIは，1997年に，米国の非営利組織であるセリーズ（CERES：Coalition for Environmentally Responsible Economies）と国連環境計画の合同事業として，持続可能性の報告書における質，厳密さ，利便性の向上を目的として発足したものであり，2000年にガイドライン（G1），2002年改定（G2），2006年改定（G3）を発行しています。

サステナビリティ報告書の目的（G3）

① サステナビリティ報告とは，持続可能な発展という目標に向けた組織のパフォーマンスを測定，開示し，内外のステークホルダーに対する説明責任を実践するものである。
② 「サステナビリティ報告」とは，経済的，環境的および社会的影響の報告を表すために用いられるその他の用語（トリプル・ボトムライン，企業責任報告など）と同義語とみなされる広義の用語である。
③ サステナビリティ報告書は，報告組織の持続可能性パフォーマンスに関して，プラスの貢献とマイナスの影響を両方含む，バランスの取れた適切な説明を提供すべきである。
④ 報告書は，特に以下のような目的で利用することができる。
　・法律，規範，綱領，パフォーマンス基準および自発的イニシアティブに関する持続可能性パフォーマンスのベンチマーキングおよび評価
　・組織が持続可能な発展に関する期待にどのような影響を与え，どのような影響を受けているかという点の実証
　・組織内および異なる組織間での，経年でのパフォーマンスの比較

⑤ SRI

　SRI（Socially Responsible Investment：社会的責任投資）とは，企業活動を財務面のみならず，社会・環境面からも評価し，投融資先を決定していく方法です。SRIによる企業評価が1990年代以降，欧米を中心に広がってきており，CSRが市場において経済的な課題としてとらえられるようになってきています。

　銀行による融資や機関投資家による投資においても，投融資対象事業の社会・環境的影響に配慮しようという取組である，「赤道原則」（金融機関の自主協定），「金融イニシアティブ」（国連環境計画：UNEPの主導）といった動きも広がってきています。

⑥ CSR調達

　企業間の取引においても，社会的・環境的側面に関する評価項目を取り入れたCSR調達の動きが広がってきています。途上国における労働・人権，環境問題が発生すれば，ボイコットにつながり企業は大きなダメージを受けますが，その影響はサプライチェーン全体に及ぶためです。特にグローバルなレベルでアウトソーシングが進んでいる産業においては，国内のみならず進出先の国を含めて，労働・人権，環境問題についての調達基準作りに積極的に取り組み始めています。

⑦ CSRとリスクマネジメント

　1997年にイギリスのサスティナビリティ社のジョン・エルキントン氏がトリプルボトムラインという考え方を提唱しました。企業活動を経済面のみならず社会面および環境面からも評価しようとする考え方です。決算書の最終行（ボトムライン）に収益，損失の最終結果を述べるように，社会面では人権配慮や社会貢献，環境面では資源節約や汚染対策などについて評価をし，述べるべきと提唱したため，このような名称としたのです。

　トリプルボトムラインの考え方によれば，企業は，経済的側面，環境的側面，社会的側面をもちますが，リスクマネジメントは，企業の経済的側面での企業価

値増大の取組といえます。CSR は，それに加えて，環境・社会的側面の取組を行い，社会から高い信頼性・評価を獲得し，企業価値向上につなげる取組といえます。

設問23

企業不祥事を根絶しようとしても，リスクマネジメントの徹底では限界があります。なぜか説明しなさい。

CHECK LIST
チェックリスト

- □ CSRとは何か理解しましたか。
- □ SRとは何か理解しましたか。
- □ ISO26000の7つの中核課題を説明できますか。
- □ トリプルボトムラインとは何か説明できますか。
- □ CSRとリスクマネジメントの関係を理解しましたか。

Chapter 11

危機管理

　危機管理は，リスクマネジメント対策を講じていてもなお，損害・損失・重大な事態が発生する「有事」の際に，被害を極小化し正常な状態に回復させる管理手法であり，リスクマネジメントの一部であるといえます。

❶ 危機管理マニュアル

　有事に備えて，あらかじめ危機管理マニュアルを整備しておくことは，危機対応のために有効です。また，有事には分厚いマニュアルを読んでいる暇はありません。危機管理マニュアルは有事の対応を平時に理解するために読むものであり，危機管理マニュアル本体とは別に，対策本部長用の時系列チェックリスト，各部門が対応すべき業務についてまとめた部門別マニュアル，連絡網・関係先一覧・報告書フォームをまとめたものなどを階層別に整備しておけば，各責任者や各部門が必要な部分だけを参照することができ，実践的なものとなります。

　以下は，わが国を代表する食品メーカーであるKグループの危機管理マニュアルの構成です。

Kグループの危機管理マニュアル目次

第Ⅰ部 基本編	A．危機管理の基本的な考え方	1.	「危機」の事前予知
		2.	予防措置，未然防止策の確立と徹底
		3.	万一危機が発生した場合の迅速，的確な対応
	B．危機管理体制	1.	全社的体制
		2.	本社「危機管理事務局」，「危機管理委員会」
		3.	本社事案所管部
		4.	各場所の体制
		5.	危機事案の責任体制
		6.	グループ会社
	C．緊急事態の定義		
	D．緊急事態発生時の社内連絡体制	1.	認知時の措置および報告ルート
		2.	報告事項
		3.	緊急報告における留意点
	E．危機管理マニュアルの改定		
緊急事態	緊急事態1		製品関連，公害関連
	緊急事態2		信用失墜
	緊急事態3		海外における戦争，内乱等
	緊急事態4		会社に対する重要犯罪
	緊急事態5		役員・社員に対する重要犯罪
	緊急事態6		災　害
	緊急事態7		コンピュータダウン
	緊急事態8		機密漏洩
	緊急事態9		原料調達不能
	緊急事態10		訴訟提起

出典：大泉光一『危機管理学研究第2版』をもとに作成。

❷ 危機対策本部の設置

　企業への影響が非常に大きく，広範なマスメディア報道が予想される場合には本社での対策本部設置が，危機発生事業所の複数の部署にまたがる対応体制を要する場合には現地対策本部の設置が必要です。危機のレベルに応じてどのレベルの対策本部とするのか，対策本部長は誰がなるのか，対策本部のメンバーは誰がなるのか等は，事前に危機管理マニュアルの中で決めておくべきです。

③ 危機管理広報

（1）危機管理広報の失敗事例
○雪印乳業

　2000年6月28日から7月にかけて発生した低脂肪乳等による食中毒事件は患者数が14,780人に上る惨事となりました。雪印は，事件発生から6日後の7月1日に記者会見を行い，社長が製造ラインの衛生管理がずさんであったことを認め，謝罪しました。さらに7月4日に大阪市保健所が他の2製品にも回収命令を出すと，その日の午後9時過ぎに，社長は再び記者会見を行い，大阪工場で製造する59品目86種類を自主回収すると発表しました。しかしながら，決断の遅れなどについてメディアから厳しい追及がなされると，会社側は会見を打ち切りました。その後社長は，エレベータまで記者に追われ，このとき発した「そんなこと言ったって私は寝てないんだ。」の一言が繰り返しテレビで報道され，消費者から猛反発を受けることになりました。

○シンドラーエレベータ

　2006年6月2日に東京都内のマンションで，高校生がエレベータの床と扉の天井に挟まれ死亡するという事故がありました。エレベータメーカーは，事故から9日たった6月12日にようやく記者会見を行いましたが，会社は「当社製のエレベータで，設計・製造上のミスによる死亡事故は今までに起きていない」とし，事故の発生に遺憾の意を示すにとどまり，謝罪の言葉はありませんでした。この会見は，メーカーの責任逃れととらえられ，メーカーはその後メディアの厳しい追及を受けることとなりました。

○石屋製菓

　北海道土産で人気のチョコレート菓子に，賞味期限の改ざんがあったことが判明し，2007年8月14日午後9時にメーカーの社長は記者会見をしました。社長は，「賞味期限は固く見て4ヶ月と設定しているが，社内では6ヶ月はもつという油断があった。今回は30周年記念商品があったため，このような行為があったが，ほかの商品には改ざんはない」と説明し，同席した統括本部長は，「改ざんは自分が指示

した」と説明しました。しかしながら，記者会見後，賞味期限改ざんは過去11年にわたって行われていたことや，改ざんの指示を社長も了承していたことが判明し，社長は4日連続記者会見を行うこととなり，4日目には辞任を表明しました。

○高級料亭船場吉兆
　2007年12月10日に近畿農政局に業務改善報告書を提出した高級料亭が，当日京都市内のホテルで記者会見を行いました。この料亭では，10月に福岡市内のデパート店で賞味期限の改ざんが発覚しており，その後も九州産の牛肉を但馬牛として販売するなどの産地偽装が発覚していました。記者会見では，取締役である女将が息子の取締役にメディアへの応答を小声で指示する声がすべてマイクに拾われていました。

　その後，女将が社長に就任して営業再開を目指していましたが，客の食べ残しの料理を使い回ししていたことが発覚し，2008年5月7日には社長である女将が記者会見を行いました。しかしながら，「経営者は調理場の行為を関知できない，使いまわしたのは手つかずの料理だけ」といった説明は，逆にメディアの厳しい追及を受けることとなり，その日の記者会見は3回に及び，5月28日には廃業記者会見を行うこととなりました。廃業記者会見においても，社長がメモを持つ手元をカメラは横や背後から容赦なく映し出していました。

（2）危機管理広報のあり方
　危機管理広報でまず必要なのは，情報の収集です。第一報を出すために，現在何が判明し，何が不明で，何を調査中なのかを把握しなければなりません。情報は対策本部など一極に集中させ，情報マスターとしての大型スクラップブックなどに刻々と入る生の情報を貼り付けていきます。収集した情報を整理して開示すべき情報にまとめる際に重要な役割を果たすのがポジションペーパーです。ポジションペーパーとは，事案全体を文書にまで落として整理したものであり，その目的は外部への情報発信に向けて社内の認識を具体的な表現まで統一化することにあります。ポジションペーパーをもとに，消費者団体などへの説明書，官公庁への報告書，代理店・取引先への説明文書，記者会見時のステートメント，Q&A，社内通達などを作成し，最終的には，メディアに対してプレスリリースを行います。

ポジションペーパーの必要事項

項　目	内　容
何が起きたのか	危機事案について現在までに判明している事実を記載 判明していない事実は「○○の点は調査中」と記載
これまでの経緯	予兆から，今日までのいきさつを時系列で記載
危険性はあるのか	人の生命・健康への影響，社会への影響（初期対応の重点）
原因は何か	原因究明はどこまで進んでいるか
現状の対策は	現段階で，どのような対策を行っているか
会社としての対応	解明が進んだら，会社としてどう対応するのか

出典：中島茂『その「記者会見」間違ってます！』をもとに作成。

（3）記者会見

○企業の基本姿勢

　消費者事故発生時に消費者が求めているのは，現在の安全・安心のための正確な情報提供と，将来の安心・安全のための再発防止策につきます。消費者事故を皆無にすることは不可能ですが，発生してしまった消費者事故に適切に対応することによって，二次クライシスの発生を防ぎ，逆に消費者の信頼を勝ち取ることは可能です。

○記者会見での必須事項

　記者会見においては，次に掲げる事項を漏れなく表明することが望まれます。

＜謝罪＞

　記者会見の冒頭には，社会や消費者への謝罪が必要です。シンドラーエレベータの記者会見では，謝罪はすなわち自社の非を認めることになるという認識の下，謝罪を行いませんでしたが，その後スイス本社の会長は「日本社会では法的責任の有無にかかわらず，社会的責任の観点から謝るべきところは謝らなければならないことを随分後になって理解した。」と述懐しています。謝罪に対する日本の消費者・マスメディアの要求には疑問の余地もありますが，企業のリスクマネジメントの観点からは謝罪は現在のところ必須といえます。被害者が出たこと，関係者に迷惑をかけたこと，世間を騒がせたことについて真摯に謝罪するべきでしょう。

＜事故・不祥事内容の説明＞

　事故・不祥事の内容を「いつ，どこで，だれが，なにを，なぜ，どのように」と5W1Hを把握して説明することが大切です。石屋製菓の記者会見ではこれらをすべて社長が説明しようとして事実と異なる説明をしてしまいました。記者会見の時点では，社長がすべてを把握することは不可能なことが多く，そのような場合には，担当役員・現場責任者に説明を任せた方がよいと思われます。

＜原因と責任の説明＞

　事故・不祥事の原因と責任の所在を説明します。しかしながら，記者会見の時点では原因が判明していない場合も多く，そのような場合には「判明し次第ご報告します」とするのがよいでしょう。

＜対応説明＞

　現在，企業がどのような対応をしているか，また，消費者にはどのように対応してもらいたいかを説明します。被害が拡大して追加の対応を迫られる可能性もあるため，対応の説明では「今の時点では」とのことわりをつけて説明することが望ましいでしょう。

＜再発防止説明＞

　マスメディアからは，通常，発生原因の究明と検証，リスクマネジメント体制の再チェックが問われます。発生原因の究明に時間がかかる場合は，「原因が明らかになり次第，再発防止策を直ちに検討する」と答えるのがよいでしょう。経営責任と当事者の処分も，早期に表明することが大切です。

○会見準備

　記者会見を行うにあたってはまず，記者クラブの幹事に連絡することとなります。通常は所管の官公庁の記者クラブとなりますが，事件の場所が地方である場合や，地方企業の場合は，地元の記者クラブへも連絡することが望ましいといえます。会場は，通常，記者クラブに出向くことが多いようですが，記者の人数が多いようであれば，別途，会社の会議室やホテルを手配すべきでしょう。最後に会見の出席者は，経営責任を問われる場合には社長が出席するのが原則です。事件が地方に限られる場合や，第一報報告の場合は，担当役員・所属長に任せてかまいませんが，社長コメントを用意しておくべきです。

○会見本番での留意点

設問24

　事故・事件の記者会見本番では，企業はどういうことに留意すべきと考えますか。あなたの考えを述べなさい。

(本章の解説の初出：鴻上喜芳「企業のリスクマネジメント体制のあり方」大羽宏一編『消費者庁誕生で企業対応はこう変わる』日本経済新聞出版社，第5章)

CHECK LIST
チェックリスト

- □ 危機管理とは何か説明できますか。
- □ 危機管理とリスクマネジメントの関係を理解しましたか。
- □ 危機管理マニュアルの注意点を理解しましたか。
- □ 危機管理広報失敗事例では何が失敗だったのか理解しましたか。
- □ 適切な危機管理広報を理解しましたか。

Chapter 12
事業継続マネジメント（BCM）

❶ BCM とは

　近年のビジネスでは，サプライチェーンやITの発達を通じて企業同士の結びつきが強まっており，1社の事業中断が取引先をはじめ多くの利害関係者に損害を与えることとなります。こうした背景から注目を集めるようになったのが，事業継続マネジメント（Business Continuity Management）です。事業継続マネジメントとは，業務を中断・阻害させ組織の目標達成を阻むおそれのある事故（インシデント）に対処できるように組織に備えさせることと定義されますが，具体的には，事件・事故が発生した場合でも，①組織の特定業務は中断しないようにすること，②中断したとしても目標復旧時間内に業務を再開させること，を目標に取り組むことによって，事業中断による，顧客の流出防止，マーケットシェア低下防止，企業評価低下防止を図るものです。

　米国においてテロによる災害に巻き込まれた企業のうち，事業継続計画（Business Continuity Plan：BCP）を策定していた企業が事業活動を早期に再開できたことで注目されるようになり，日本においては，事業中断の最大のリスク要因が地震であることから，主に地震災害からの復旧を念頭に置いた取組がなされてきました。

② 防災と BCP との違い

災害に対して従来から取組がなされている防災と BCP の違いは次の通りです。

防災と BCP との違い

	防　災	BCP
目　的	人命や重要資産の保護	人命や重要資産の保護 事業の継続
時間軸	発災後，数時間・数日間	発災後，数週間・数ヶ月間
対象とする 主なリスク	地震・津波，噴火，テロ，火災・爆発 など物理的な被害をもたらすもの	重要な事業を中断させるもの
対策（例）	ヘルメット，消火器，救命用具，備蓄 品などの調達 キャビネットや吊天井の固定化	データバックアップ 代替資機材の用意 代替要員や取引先の確保 手動での操作マニュアルの用意
準備の単位	拠点ごと	事業・機能や業務ごと
主管部門(例)	総務部門，施設管理部門	経営企画部門，事業部門

出典：勝俣良介『ISO22301 徹底解説』。

③ ISO22301

国際規格「社会セキュリティ―事業継続マネジメントシステム―要求事項」が，2012 年 5 月 15 日に公表されました。

○定　義
・事業継続マネジメント（BCM）
「組織への潜在的な脅威，及びそうした脅威が現実となったときに引き起こされる可能性がある事業運営上の影響を特定し，主要なステークホルダの利益，組織の評判，ブランド，及び価値創造活動を保護する効果的な対応のための能力を備え，組織のレジリエンス（立ち直りのはやさ）を構築するための枠組みを提供する包括的なマネジメントプロセス」
・事業継続マネジメントシステム（BCMS）
「マネジメントシステム全体の中で事業継続の確立，導入，運用，監視，レビ

ュー，維持，改善を担う部分」
・事業継続計画（BCP）
「事業の業務の中断・阻害に対応し，事業を復旧し，再開し，あらかじめ定められたレベルに回復するように組織を導く文書化された手順」

〇特　徴
① マネジメントシステム規格
　品質マネジメント規格（ISO9000シリーズ）や環境マネジメント規格（ISO14000シリーズ）と同様，PDCAを活用したマネジメントシステム規格となっています。
② 要求事項規格
　「要求事項」との用語が示す通り，第三者からの認証を取得することを前提として，認証取得のために要求される事項をとりまとめるという形で策定されています。
③ 演習（exercise）の導入
　事業継続マネジメントは，他のマネジメントと異なり，有事にならないとその実効性を確認することができません。したがって，平時にその実効性を確認する演習の実施が求められています。また，単に実施するだけでなく，演習実施の目標を定め，シナリオを計画・実施し，その結果をまとめ，改善を促進する観点からレビューすることも求められています。

〇活用方法
　ISO22301は，認証取得のための要求事項を確認するだけでなく，規格の「1 適用範囲」では，この規格は次のようなことを行おうとするあらゆる組織に適用できるとしています。
　① BCMSを確立し，導入し，維持し，改善する。
　② 表明した事業継続方針との適合を保証する。
　③ 適合していることを他者に示す。
　④ 第三者の登録認証機関にBCMSの認証・登録を求める。
　⑤ この国際規格に適合していることを自己決定し，自己宣言する。

○ BCM による影響軽減のイメージ図

＜突然の中断・阻害＞

　このイメージ図は，突発的に被害が発生するリスク（地震，水害，テロなど）を主として想定したものです。

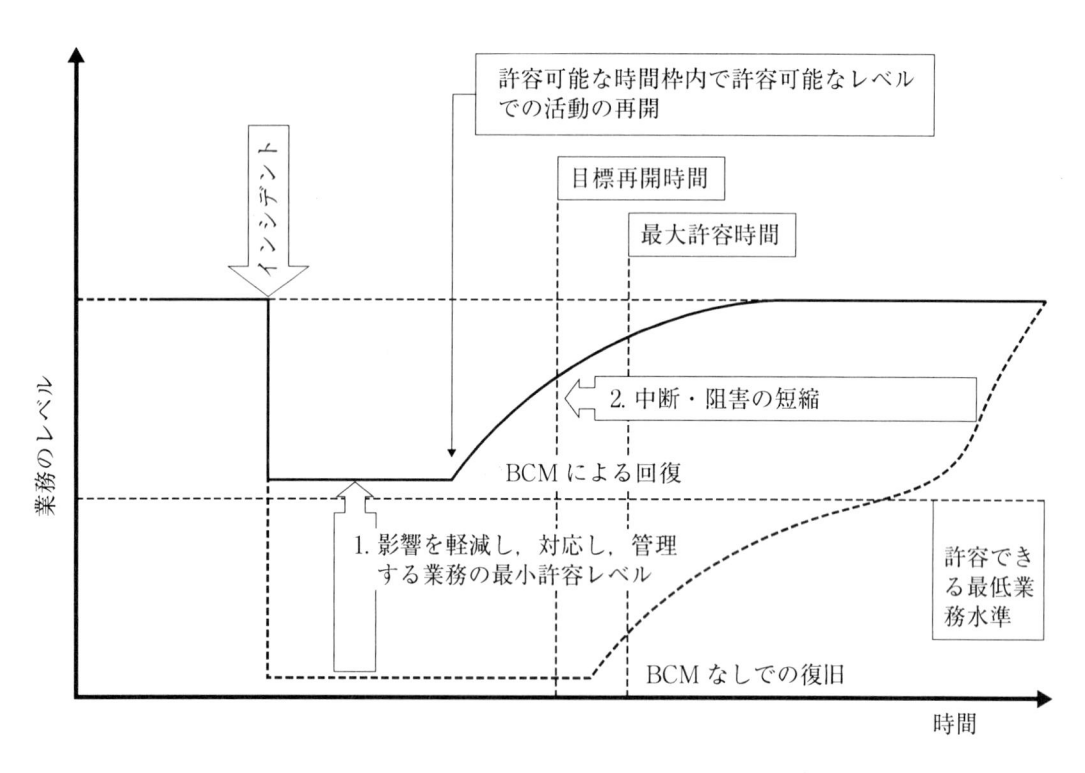

（図：業務のレベルと時間の関係を示すグラフ）

- インシデント
- 許容可能な時間枠内で許容可能なレベルでの活動の再開
- 目標再開時間
- 最大許容時間
- 2. 中断・阻害の短縮
- BCM による回復
- 1. 影響を軽減し，対応し，管理する業務の最小許容レベル
- 許容できる最低業務水準
- BCM なしでの復旧

出典：日本規格協会『ISO/DIS22313 社会セキュリティ―事業継続マネジメントシステム―ガイダンス（英和対訳版）』。

<漸次的な中断・阻害>

　このイメージ図は，段階的かつ長期間にわたり被害が継続するリスク（新型インフルエンザを含む感染症，水不足，電力不足など）のうち感染症に係るものを想定したものです。

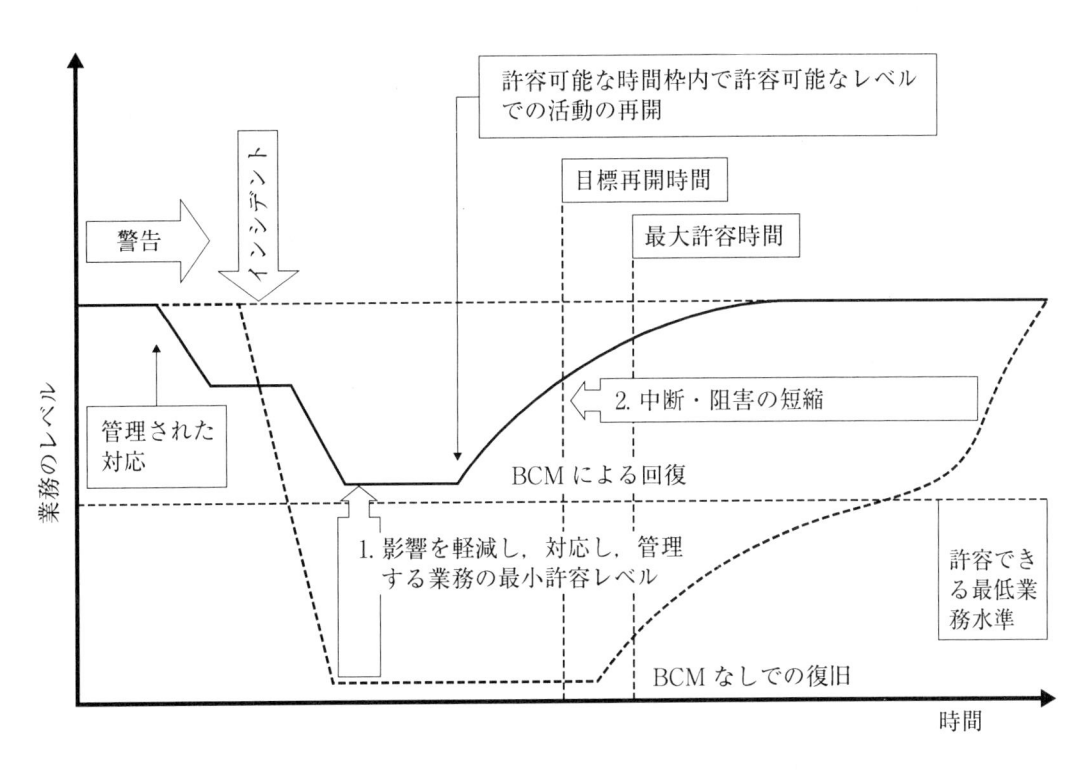

[図：業務のレベルと時間の関係を示すグラフ。警告、インシデント、管理された対応、許容可能な時間枠内で許容可能なレベルでの活動の再開、目標再開時間、最大許容時間、2. 中断・阻害の短縮、BCMによる回復、1. 影響を軽減し，対応し，管理する業務の最小許容レベル、BCMなしでの復旧、許容できる最低業務水準、などのラベルが付されている。]

出典：日本規格協会『ISO/DIS22313 社会セキュリティー事業継続マネジメントシステム ―ガイダンス（英和対訳版）』。

④ ISO22301 の位置づけ

　2001年の米国同時多発テロの発生を受け，2003年に米国がISOに対してセキュリティ関連の標準化提案を行いました。ISOは，専門委員会（TC）223を社会セキュリティを扱う委員会として改編し，セキュリティマネジメントに関する企画開発活動を開始しました。以降TC223は，意図的および非意図的な人間の行為，自然災害ならびに技術的故障によって引き起こされる事故，非常事態および災害からの社会の保護ならびにそれらへの対応を向上させることを目指す国際規格を開発しており，これらはISO223シリーズと呼ばれています。

　事業継続マネジメントシステム関連規格は，その一環であり，ISO22301のほかにもBCMSの指針を示すISO22313などが開発されています。

サブテーマ	規格番号	正式名称
全体の枠組み	ISO22397	官民連携・組織間協定構築の指針
	ISO22398	訓練と試験の指針
用　語	ISO22300	用　語
指揮と統制	ISO22320	緊急事態管理・指揮命令のための要求事項
	ISO22322	危機管理・警報
	ISO22324	色コードによる警報
	ISO22351	情報共有のためのデータ要素およびコード作成の一般原則
	ISO/TS22352	情報共有のためのデータ要素およびコード
	ISO22325	組織の緊急事態対応能力評価の指針
事業継続マネジメントシステム（BCMS）	ISO22301	事業継続マネジメントシステム・要求事項
	ISO22313	事業継続マネジメントシステム・指針
	ISO22323	組織のレジリエンスのマネジメントシステム・要求事項および手引き
ビデオ監視	ISO22311	ビデオサーベイランス・データのエクスポートの相互運用
集団避難と救護	ISO22315	緊急事態における集団避難

出典：勝俣良介『ISO22301徹底解説』。

❺ BCM 関連の国内ガイドライン

　ISO22301 に先立ち事業継続計画（BCP）普及推進のために，日本国内で策定された指針には次のようなものがあります。ISO22301 は，あらゆる組織への適用を前提として汎用性を高めている分具体性に欠ける部分があるため，これら指針は役目を終えたわけではなく今後も十分参考にすべきでしょう。

名　称	公表年月	発行元	概　要
事業継続計画策定ガイドライン	2005年3月	経済産業省	IT事故を想定したBCPの策定手順，検討項目を解説
事業継続ガイドライン	2005年8月	内閣府中央防災会議	地震を想定し，既存の防災対策や資源を活用した段階的取組を推奨
事業継続ガイドライン（第二版）	2009年11月	内閣府中央防災会議	新型インフルエンザに対応
中小企業BCP策定運用方針	2006年2月	中小企業庁	中小企業のためのBCP策定ガイドライン

CHECK LIST
チェックリスト

- ☐ BCM，BCP を理解しましたか。
- ☐ BCP と防災との違いを理解しましたか。
- ☐ ISO22301 の内容を理解しましたか。
- ☐ BCP 関連の国内ガイドラインにはどのようなものがあるか理解しましたか。

memo

Chapter 13

財物リスクマネジメント

❶ 火災・爆発リスク

（1）リスクの特徴

　火災とは，可燃物が燃焼する現象であり，燃焼には酸素（空気），可燃物，熱エネルギーの3要素が不可欠です。一度火災が発生すると，燃焼で熱が継続的に発生するため，燃え広がっていくこととなります。火災による損害には，燃焼による損害に加え，煙による損害，消火放水による損害，粉末消火による損害もあります。さらに，火災が原因で営業・操業が停止することによる休業損害も発生します。

　爆発とは，「急激に進行する化学反応により，生成ガスの体積が瞬間的に著しく増大し，熱や爆鳴音，強圧などを生じること」であり，徐々に広がる火災とは異なり，爆発は瞬間的に強力な爆風圧で周囲の建物・機械設備を破壊します。

　火災リスクは，発生頻度は大きくないといえますが，その損害規模（強度）は大きいといえます。火災は，一度発生して，それが拡大すればするほど消火活動が困難になることから，全焼に至ることも多く，また，たとえ火災が部分的なものであっても建物をそのまま使用できないため，建て直さざるを得なくなることもあるためです。

　爆発リスクも，発生頻度は小さいリスクですが，損害規模は火災よりも大きくなる傾向があります。爆発リスクのある石油化学工場などでは，大量の爆発危険のある危険物が存在することから，その損傷範囲が広範囲に及ぶことがあるためです。

（2）リスク対策

防火対策としては，ハード面の対策としての，出火防止対策，消火対策，延焼防止対策，ソフト面の対策としての消火・避難訓練などの防火管理対策があります。

ハード面対策	出火防止対策	喫煙管理
		電気設備の管理
		整理・清掃
		危険物の管理
		可燃性ガスの管理
		溶接・溶断作業の管理
		ヒューマンエラー防止策
	消火対策	火災の早期発見
		消火設備の位置表示
		消火設備の定期点検
		消火訓練の実施
		消火の自動化
	延焼防止対策	建物構造・レイアウト
		防火区画
ソフト面対策	防火管理対策	防火管理体制の整備
		消火・避難訓練の実施

出典：インターリスク総研編著『実践リスクマネジメント第四版』をもとに作成。

爆発リスクの対策としては，一般ビルならガス漏れを早期に感知するためのガス漏れ警報器，石油化学工場等であれば異常高温・異常高圧を感知する各種計装設備の設置があります。危険物を使用している場合は，設備の定期点検を実施し，そもそも危険物の漏洩が生じないよう徹底することと，万一危険物が漏洩したときには，事態が安全サイドに移行するよう，機械設備を緊急停止することが重要です。

❷ 風水災リスク

（1）リスクの特徴

○氾　濫

　治水事業の推進により，河川の氾濫による浸水面積は減少する傾向にありますが，一方で気候変動の影響から豪雨が増えて大規模な被害が出たり，都市部では地表面の舗装が進んでいることにより排水が間に合わず氾濫が発生するなど都市型の水害が増えたりしています。

○高　潮

　高潮は，気圧の変化や強風による吹き寄せで海面潮位が異常に上昇する現象です。日本は海岸線延長距離が長く，台風の接近も多いため，高潮による被害を受けやすいといえます。

○土砂災害

　地すべり，土石流，がけ崩れは，土砂の移動が大きなエネルギーをもち，かつ突発的に発生することから，人的被害とともに家屋等に壊滅的被害を与えます。

○風　害

　台風による風害のほか，竜巻や爆弾低気圧の強風による被害が近年増加しています。

（2）リスク対策

項　目	概　要
リスク状況の把握	事業所の所在地のリスクにつき，過去の災害を参考に，地域の気象特性と地形・地質等の情報を把握する。特に水災については2005年の水防法改正により市町村での洪水ハザードマップの作成が進んでおり，これらを含めて地方自治体から情報収集を行う。さらに，事業所内で局所的に低くなっている場所，地下階・地下室など，優先的に対策を講じる場所を洗い出す。
防災計画書の作成	災害時に備え，全従業員に対し周知すべき事項を整理し，防災計画書を作成しておくのが望ましい。計画書の項目例としては，防災方針・防災組織・防災訓練・緊急時対応・復旧後の注意事項・地域の災害特性などがあげられる。計画書の内容については，防災訓練を通じて全従業員に周知徹底することが望まれる。
災害対策本部の編成	降雨量や洪水に関する注意報・警報が発令された場合には，災害対策本部等の社内組織が即座に編成できるよう準備しておくことが望まれる。
防災訓練	災害時の迅速な行動を実現するためには，防災訓練を定期的に行うことが最良である。訓練は，想定状況を明確にし，実際に即したものとすることが重要である。
防災資機材の準備	台風・集中豪雨が接近した際や被災した際に必要な資機材・保安用品を準備しておく必要がある。

出典：インターリスク総研編著『実践リスクマネジメント第四版』をもとに作成。

❸ 地震リスク

（1）リスクの特徴

　日本は世界有数の地震国であり，事故発生頻度が世界の中でも高いことはいうまでもありません。建物の倒壊，地震に起因する火災，津波，土砂崩れ，地盤の液状化等で，広域にわたって被害が発生するため，損害規模（強度）も大きい災害です。

　リスクの特徴として，いつ，どこで発生するか予測が困難であることもあげられます。

（2）リスク対策

項　　目	概　　要
建物・設備の耐震性向上	建物の耐震補強や設備の固定により，損害額を軽減することができる。ただし，耐震改修は高額な費用を伴うことから，緊急性の高い施設を洗い出し，優先度の高いものから改修を進めていく。
緊急時計画の策定	あらかじめ想定される事態を洗い出し，必要な対処策をマニュアル化しておくことにより，復旧に関する業務を効率的に行うことができる。緊急時の対策本部の設置方法を決めておくとともに，社員対策部（避難誘導，医療救護，安否確認等），物資対策部（非常食料，復旧備品等），施設対策部（平常時維持管理，災害時被災度合確認）など各対策部を設け，役割を明確にしておくことが望まれる。

出典：インターリスク総研編著『実践リスクマネジメント第四版』をもとに作成。

④ 落雷リスク

（1）リスクの特徴

　落雷は，夏季には北関東・九州で，冬季には東北から北海道にかけて，多く発生しています。落雷の形態としては，建物等に直接落雷する直撃雷のほか，付近の建物等を直撃した雷電流が分岐した放電により被害を受ける側撃雷，送電線等に落雷しその経路を伝って建物に侵入する侵入雷，近傍への落雷が周囲の電磁界に急激な変化をもたらしそれによって発生した誘導電圧・電流によって被害を受ける誘導雷があります。落雷被害は，直接雷が落ちて被害を受ける直撃雷・側撃雷によるものと，侵入雷，誘導雷等で発生する雷サージ（短時間に激しく変動する電圧・電流）によるものがあります。

　工場・事務所等では，各種の機器が電源線，信号・制御線，通信線，アース線等で相互に接続されシステム化されていること，かつそれぞれの機器は低電圧設備で大容量の過電流に弱いことから，直撃雷によって被害を受けるリスクよりも，雷サージの侵入によって広範囲に被害が及ぶリスクが大きくなってきているといえます。

（2）リスク対策
○外部避雷対策

　高さ20mを超える建築物には，建築基準法により避雷設備の設置が義務付け

られており，主に避雷針の設置がなされています。しかしながら，通常の避雷針の場合，避雷針から接地までの引下げ導線として鉄骨・鉄筋など建物の構造体そのものを実質的な引下げ導線としていることが多くなっており，この場合，直撃雷による建物内部の電気設備の被害を完全に防ぐことはできないといわれています。対策としては，避雷針からの引下げ導線を絶縁電線とし，建物外壁に沿って配線し接地させる方法があります。

○内部避雷対策

雷サージによる被害は避雷針設備では防げないため，雷サージに弱い低電圧機器から伸びる経路に雷保護装置を設置することが有効です。

⑤ 盗難リスク

（1）リスクの特徴

近年，盗難犯罪は，手口が巧妙化し，かつ組織的になっているため，事件1件ごとの被害額が次第に高額になってきています。現金や高額商品のある事務所，店舗においては，大きなリスクであるといえます。

（2）リスク対策

○防犯設備強化対策

夜間の盗難を想定すると，次のような対策が有効です。

項 目	概 要
建物内侵入困難化	建物の出入口には照明装置を設置する。ドアの錠前はピッキングに対応したものとし，補助錠も設ける。窓は防犯性能の高いものを採用し，鉄格子の採用も検討する。
盗みの困難化	現金や換金性の高いものの保管には専用防盗金庫を用いる。ショーウィンドーには，シャッターや防犯合わせガラスを使用する。
犯行の早期発見	出入口，建物内に防犯カメラを設置する。大型建物であれば，常駐警備員の配置か，防犯センサーを設置して警備会社の監視センターで常駐監視することが望まれる。

出典：インターリスク総研編著『実践リスクマネジメント第四版』をもとに作成。

○防犯体制構築による対策

項　目	概　要
経営者の役割	防犯方針の浸透度・任務遂行状況，教育・訓練の実施状況，現金等の収納状況，建物・設備の管理状況等に目を配る必要がある。
防犯責任者	防犯体制の立案・確立，従業員への防犯指導を行うとともに，事故発生時には，対処のための指示・命令を担う。
従業員への防犯指導	営業時間中の防犯留意点，防犯設備の取扱方法，事件発生時の警察への通報方法等について，防犯マニュアル・訓練を通じて徹底しておくことが重要。
鍵の管理	施錠は最も基本的な防犯手段である。スペアキーの作成禁止を徹底したり，万一鍵を紛失したら錠前自体を交換したりすることも重要。
地域・職域における防犯活動	日常から，商店街や地域住民と連携し，防犯に相互協力できる環境づくりに努めることが必要。

出典：インターリスク総研編著『実践リスクマネジメント第四版』をもとに作成。

❻ 財物リスクのリスクファイナンス

次のような企業向け損害保険が用意されています。

保険種類	概　要
普通火災保険	火災，落雷，破裂・爆発を補償するもの
店舗総合保険	普通火災の対象損害に加え，風ひょう雪災，盗難等も補償するもの
通知保険	普通火災と同じ補償だが，在庫量の増減を加味した補償額・保険料となるもの
水災拡担	普通火災の特約で水災を拡張担保するもの
地震拡担	普通火災の特約で地震・噴火・津波損害を拡張担保するもの
盗難保険	商品を対象に盗難損害を補償するもの
動産総合保険	商品を対象に盗難のみならず，破損・汚損等も補償するもの

設問25

あなたが今マイホームを建てるために土地を購入するとすれば，どのような立地条件を選びますか。マイホームの財物リスクを念頭に置いて説明しなさい。

CHECK LIST
チェックリスト

- ☐ 各災害のリスクの特徴を理解しましたか。
- ☐ 各災害のリスク対策について概略理解しましたか。
- ☐ 財物リスク関連の損害保険にはどのようなものがあるか理解しましたか。

Chapter 14
製品安全リスクマネジメント

① 製造物責任リスク・リコールリスク

　商品・製品に起因する損害についてメーカーや販売者が負担する責任を製造物責任（Product Liability：PL）といいます。以前は，民法の不法行為責任の規定により被害者はメーカー等の過失を立証する必要があったためその立証が大変でしたが，1995年施行の製造物責任法は欠陥責任を採用したことから，被害者は製造物に欠陥があることを立証すれば足ることとなり，立証の負担がずいぶん軽減されました。その分メーカー等のPLリスクは大きくなったといえます。

　また，製造物の欠陥が判明した場合，メーカー等は被害拡大防止のため，製造物を回収し無償修理をすることがあり，この回収をリコールといいます。自動車のリコールは法令により義務付けられていますが，その他の製造物のリコールはメーカーの自主回収です。リコールには費用がかかりますが，リコールを実施することにより被害が拡大せず，その分のPL損害を軽減することにつながります。

　メーカーにとっては，まず製品安全を図り，万一，製品欠陥で事故が発生した場合には，迅速なリコールを実施することが望まれます。

② 製品安全・適正表示（ロスコントロール）

（1）製品安全・適正表示に関する各種ガイドライン

　次のようなガイドラインが作成されており，メーカー等はその内容を自社の対策に取り込んでおく必要があります。

〇「製品安全自主計画策定のためのガイドライン」
　2007年3月に経済産業省が公表。

〇「消費生活用製品のリコールハンドブック」
　2007年11月に経済産業省が公表。

〇「リコール促進の共通指針」
　2009年3月に内閣府国民生活局が公表。

〇食品の適正表示「「食品業界の信頼性向上自主行動計画」策定の手引き～5つの基本原則～」
　2008年3月に農林水産省が公表。

（2）製品安全の取り組み方
〇正常使用と誤使用

　Nite（製品評価技術基盤機構）の「消費生活用製品の誤使用事故防止ハンドブック」は，製品の使用方法を①正常な使用，②予見可能な誤使用，③非常識な使用の3つに分類しています。「非常識な使用」による事故については，通常，事業者に法的な責任は生じませんが，「正常な使用」はもちろん，たとえ誤使用であってもそれが予見可能なものであれば，PL法上それらによる事故については事業者に責任があるといえます。事業者は予想される誤使用も想定して，製品の安全を図らなければなりません。

〇リスク評価とリスク低減

　事業者は，製品に内在するハザード（事故を発生させたり，損害を拡大させたりする要因）を洗い出し，そのハザードによるリスクの大きさを「事故発生確率」と「損害の大きさ」の観点から評価し，リスクの大きさが社会的に許容されるものか否かを評価しなければなりません。この際に重要なことは，消費者が起こしそうな誤使用の形態も可能な限り想定することと，消費者の属性，使用環境，使用期間等を広めに想定することです。たとえば，大人ならなんなく使用できる製品でも，子ども，高齢者，障害者が使用すると途端に使いにくくなる製品などは，

そうした弱者の視点からリスクを評価する必要があります。

リスクが社会的に許容されるか否かの判断においては，製品の効用・有用性，価格対効果を考慮することとなります。リスクが社会的に許容されないと判断した場合には，リスク低減のための安全対策を検討し，許容可能と判断した場合でも当該リスクについて，その内容，程度について消費者への伝達手段を検討しなければなりません。

リスク低減のための安全対策には，①本質安全設計，②安全装置の装着，③警告表示がありますが，①→②→③の順に対応すべきであり，本質安全設計が可能なのに，安全装置で代替したり，本質安全設計・安全装置付加が可能なのに，警告表示で代替したりしては安全が図られたとはいえません。

○製品安全化検討の流れ

製品の安全化を達成するために検討すべき項目とその流れは，次に示す通りです。安全装置の装着も含めた「設計による」危険排除，警告表示による危険排除が達成できないと判断される場合には，製品化の中止も視野に入れる必要があるといえます。

製品安全化を検討する流れ

```
┌─────────────────────────────┐
│ 危険の分析                  │
│ ●使用方法    ●使用者等の特徴 │
│ ●使用環境    ●メンテナンス方法│
│ ●競合他社の製品設計 ●その他  │
└─────────────────────────────┘
              ↓
┌─────────────────────────────┐
│ 危険の評価                  │
│ ●事故の強度  ●事故の頻度    │
└─────────────────────────────┘
              ↓
┌─────────────────────────────┐
│ 危険の排除の優先順位の決定  │
└─────────────────────────────┘
              ↓
┌─────────────────────────────┐
│ 設計による危険の排除の検討  │
│ ●製品本体の安全化           │
│ ●安全装置による危険の排除   │
└─────────────────────────────┘
              ↓
┌─────────────────────────────┐
│ 警告表示による危険の排除の検討│
└─────────────────────────────┘
         ↓         ↓
┌──────────────┐ ┌──────────┐
│ 製品化の決定 │ │ 製品化中止│
└──────────────┘ └──────────┘
```

出典：大羽宏一他『早わかり製造物責任法のすべて』。

○具体的な取組

・製品設計

製品本体の安全化を図るためには，一般に次のような手法が用いられています。企業は，これらの手法を用いて製品の安全化を継続して検討していかなければなりません。

製品本体の安全化手法

種類	概要	例示
本質安全設計	ハザードを完全に除去するか，許容可能な範囲に収める設計	・鋭利な部分を安全に加工する ・手指が挟まる箇所を，ユーザーの手指の寸法を考慮した構造にする。
フールプルーフ設計	使用者の不注意や誤りによる事故の発生を防止する設計	・通電中・作動中は扉が開けられないようインターロックされている装置 ・自動車のドアロック装置
フェールセーフ設計	機器が故障した場合に安全サイドにダウンする設計	・ガスコンロの吹きこぼれ消火装置 ・振動を検知して自動消火する石油ストーブ
冗長設計	強度，容量などに余裕をもたせたり，バックアップ機能をもたせたりして，重大な事故にならないようにする設計	・停電に備えたコンピュータシステムのバッテリー電源や自家発電装置
タンパープルーフ設計	好奇心，いたずら，勝手な判断などで製品を取り扱うことによって生じる事故を防止する設計。チャイルドプルーフもこれに含まれる。	・高電圧部品を内蔵するケースの裏ぶたを通常のドライバーでは外せない特殊なねじ締めとする。 ・薬品のびんのふたを押して回さないと開かない構造とする。
保護・危険隔離設計	危険物，危険箇所を容器，ガード，絶縁材などで隔離する設計	・高温部位をカバーする。 ・扇風機のネットガード

出典：小林秀之責任編集『製造物責任法大系Ⅱ』および nite「消費生活用製品の誤使用事故防止ハンドブック第3版」をもとに作成。

・警告ラベル，取扱説明書

製品本体の安全化および安全装置の装着などによって製品の安全化を図っても，なお除去できない危険については，適切な警告や取扱説明によって，消費者に知らしめ，安全な使用を促進しなければなりません。警告における留意点としては，①危険の種類・性質，②被害程度・頻度，③危険の回避方法を明らかにしておくことがあげられます。

❸ PL, リコールリスクのリスクファイナンス

民事責任に備えるものとして生産物賠償責任保険（PL保険），リコール実施による費用損失に備えるものとして生産物回収費用保険（リコール費用保険），生産物に異物を混入された場合や汚染脅迫がなされたときの費用・利益損害に備えるものとして生産物汚染保険があります。

保険種類	概　要	利用方法
生産物賠償責任保険（PL保険）	「生産物（製造物）」または「仕事の結果」に起因して生じた事故による人身事故または財物事故について，被保険者が法律上の損害賠償責任を負担することによって被る損害をてん補する保険です。PL法の製造物責任や民法の不法行為責任に備えるため，メーカー，販売事業者，修理・設置事業者が利用できます。	個別に損害保険会社と契約するか，中小企業者であれば，中小企業PL保険制度を利用することができます。
生産物回収費用保険（リコール費用保険）	メーカーや販売事業者が，生産物の瑕疵に起因して日本国内に所在する生産物の回収等を実施することによる費用について保険金を支払う保険です。なお，回収の実施が次のいずれかによって客観的に確認できることが条件となっています。 (1) 行政庁に対する届出または報告 (2) 新聞，雑誌，テレビ，ラジオ等による社告 (3) 回収等の実施についての行政庁の命令	個別に損害保険会社と契約します。
中小企業PL保険制度リコール費用担保特約	メーカーや販売事業者が，生産物の欠陥に起因して，①死亡・後遺障害，②治療に要する期間が30日以上となる障害・疾病，③一酸化炭素中毒，④火災による財物の焼損，のいずれかが発生し，生産物の回収等を実施することによる費用について保険金を支払う保険です。	中小企業者であれば，中小企業PL保険制度のリコール費用担保特約を利用することができます。
生産物汚染保険	第三者の悪意または犯罪行為に起因して，生産物に汚染が生じた場合または汚染脅迫が行われた場合の，メーカーや販売事業者の喪失利益および対策費用を補償する保険です。対象となる対策費用は，次のようなものです。 (1) 回収等を実施することにより生じた費用 (2) 事故によって失った生産物の安全に関する信頼度を回復させるための広告宣伝活動費用	個別に損害保険会社と契約します。

設問26

製品安全対策，リコール，PL はそれぞれトレードオフの関係にあります。どういうことか説明しなさい。

(本章の解説の初出：鴻上喜芳「企業のリスクマネジメント体制のあり方」大羽宏一編『消費者庁誕生で企業対応はこう変わる』日本経済新聞出版社，第5章)

CHECK LIST
チェックリスト

- ☐ PL とは何か説明できますか。
- ☐ リコールとは何か説明できますか。
- ☐ 製品本体の安全化にはどのような設計があるか理解しましたか。
- ☐ 製造物関連の損害保険にはどのようなものがあるか理解しましたか。

Chapter 15

品質表示リスクマネジメント

❶ はじめに

　2007年から2008年にかけて品質表示偽装事件が多発しました。食品業界では，「白い恋人」の賞味期限を改ざんしていた石屋製菓，「赤福餅」の製造日を改ざんしていた赤福，黒豆プリンの消費期限改ざんや牛肉みそ漬けの産地偽装をしていた船場吉兆，豚肉を混ぜたひき肉を牛ひき肉100％としていたミートホープ，廃鶏を比内地鶏と偽っていた比内鶏など枚挙にいとまがありません。建材関連会社でも，ニチアス・東洋ゴム工業などで軒裏・防火壁の耐火性能偽装が，栗本鐵工所で高速道路橋建設に使う鉄製円筒型枠の強度偽装が発覚しました。さらに，製紙業界では，再生紙であることをうたった年賀はがき・コピー用紙などで，指定された古紙配合率を満たしていなかった古紙偽装が，まず日本製紙において発覚し，その後の調査で製紙メーカー17社に偽装があったことが判明して業界全体に及ぶ問題であることがわかりました。

設問27

賞味期限と消費期限の違いについて説明しなさい。

❷ 赤福の食品偽装

○**事件の概要**

　株式会社赤福が製造年月日を改ざんし，原材料表示も不適正であったとして，東海農政局は，2007年10月12日，農林物資の規格化及び品質表示の適正化に関する法律（以下「JAS法」）第19条の14第1項の改善指示を行いました。赤福は，工場操業を停止するとともに，商品の販売停止・回収を開始しました。10月19日には，伊勢保健所が赤福本社工場について，食品衛生法第55条第1項に基づき，無期限の営業禁止命令を発令し，赤福名古屋営業所および大阪営業所も，所管保健所からそれぞれ10月20日と10月21日に営業禁止命令を受けました。

　赤福で問題とされた行為は次に掲げるようなものでした。

赤福において問題とされた行為

まき直し (冷凍・解凍・再包装)	冷凍保存している商品について，冷凍前に設定された製造年月日・消費期限が付された包装紙を解凍後に破棄・再包装して新たな包装紙に解凍日を新たな製造年月日，解凍日を起点として計算した消費期限を新たな消費期限として再表示し，出荷・販売していた。
製造年月日・消費期限の改ざんと先付け	店頭売れ残り品や未出荷品について，包装紙を破棄・再包装し，再包装日の翌日を新たな製造年月日，再包装日の翌日を起点として計算した消費期限を新たな消費期限として表示し，出荷・販売していた。 また，製造時に計画的に翌日の日付を製造年月日として表示することも行われており，これは先付けと呼ばれていた。
不適切な原材料表示	加工食品の原材料については，使用重量が重い順に表示しなければならず，本来「砂糖，小豆，餅米」の順に表示すべきところ，「小豆，餅米，砂糖」と不適切な表示を行っていた。 また，冬季には餅の硬化を防ぐため，トレハロースを含む糖類加工品を使用していたが，当該添加物について原材料名の欄への表示をしていなかった。
むきあん・むきもちの再利用	店頭から回収した赤福餅について，餡と餅を分離し，それらの一部の再利用を行っていた。分離された餡はむきあん，餅はむきもちと呼ばれていた。

出典：「株式会社赤福　コンプライアンス委員会報告書」をもとに作成。

○事件の原因

　今般明らかになった赤福の行為の問題点は，大きくは以下の2点であると思われます。

　問題点の第一は，製造年月日の偽装です。赤福餅におけるまき直しや先付けの行為は，表示の適正化を求めたJAS法の明らかな違反です。なお，製造年月日の表示は現在の食品衛生法やJAS法では義務付けられていないので，赤福が良心的に謹製日を表示したがために法律違反となったと同情する意見もなくはありません。しかしながら，当日を製造日とした商品しか店頭に置かないという営業スタイルは，当然，消費者に赤福餅はすべて作りたてであるとの認識をさせるのであって，その裏で偽りの行為を行っていたことは許されるべきものではありません。このような違法な状況になった理由については，①JAS法の認識不足，②販路を拡大しすぎたため大量生産しなければならなかったことのつけがあげら

れるでしょう。

　問題点の第二は，消費期限管理です。赤福は過去に冷凍保存した商品の解凍日を製造年月日にすることにつき問題がないかどうかを伊勢保健所に問い合わせ，食品衛生法上は問題がない旨の回答を得るなど，食品衛生法の遵守には意識がありました。しかしながら，製造後すぐに冷凍する商品はこれに該当するが，管理外の販売店店頭から回収した売れ残り品を冷凍したり，むきあん・むきもちにしたりして再利用する場合には，消費期限切れのおそれがあり，これが今回の食品衛生法違反となりました。ほとんど理解できていなかったJAS法ほどではありませんが，食品衛生法の遵守姿勢もお粗末なものであったと言わざるを得ません。

○赤福の改善策

　赤福は，今回の事件の再発防止策として，冷凍設備を廃棄し，今後は当日製造の商品のみを販売することとし，需要が生産を超えた場合には「売り切れ」として顧客に理解を求めることとしました。また，謹製日については，それが製造年月日と同義であることを明確にしたうえで，表示を続け，その表示は従来の包装紙のみならず，折箱にも行うことでまき直しの防止を図るとしています。

　品質保証部，お客様相談室およびコンプライアンス室を新設するなど，企業統治・経営管理を強化して家業的経営からの脱却を図るとともに，営業姿勢の見直し（生産能力を超える営業を行わない），物流数値管理の厳格化（生産数，販売数，回収数，廃棄数を厳格に管理する），表示の見直し（糖類加工品の表示および外部分析機関の活用），コンプライアンス・業務マニュアルの整備，役職員への研修強化などソフト面の改革も図っています。

設問28

赤福の事例について，法令違反を回避するためだけであれば，最低限どういう対応をとればよかったか説明しなさい。また，赤福はそれ以上の改善策をとりましたが，それはなぜなのかあなたの意見を述べなさい。

❸ 製紙各社の環境偽装

○事件の概要

2008年1月9日，日本製紙株式会社は，「年賀再生紙はがき」用紙の古紙配合率が契約で定められていた40％を大きく下回る1～5％程度であったことを公表しました。「年賀再生紙はがき」用紙を納入していたのは，日本製紙を含めて5社でしたが，残る王子製紙，大王製紙，三菱製紙および北越製紙についても契約の古紙配合率40％を満たしていなかったことがその後判明しました。さらに古紙配合率が偽装されていた紙製品はコピー用紙，封筒用紙，チラシ用紙等にも広

がっていたことや，他の製紙メーカーでも偽装が行われていたことが次々に判明しました。

○事件の原因

日本製紙連合会が2008年1月25日に設置した「古紙配合率問題検討委員会」が4月2日に公表した報告書は，古紙偽装に至った背景を次のようにまとめています。

古紙偽装に至った背景

コンプライアンス意識の欠如	製紙メーカーは古紙パルプ配合率を品質とは認識していなかった。グリーン購入法の立法主旨が理解されておらず，消費者の意向や善意に対する配慮が欠如していた。
メーカーの内部統制の問題	営業担当が古紙パルプ配合率100％の仕様で契約をとってくるとそのまま押し通すこととなり，すなわち，契約に関してチェックを行う部門が不在または機能していないか，あるいは組織ぐるみで偽装を黙認していたことになる。
製紙業界の状況	典型的な装置産業である製紙業界は苛烈なシェア争いを繰り返しており，古紙パルプ配合率100％の紙の製造が技術的に無理なメーカーであっても「他社はできるのではないか」という疑心暗鬼の状態の中「できない」としてシェアを落とすことはできないという事情があった。
原料調達の困難さ	印刷・情報用紙の原料として使いやすい良質古紙が，印刷技術向上による裁断面積の減少，古紙パルプ配合の上質紙の増加による品質低下，需要増により，入手困難になった。また，1991年に「工場内損紙は古紙ではない」旨の通達が通産省から出されたことで，質の悪い古紙原料に頼らざるを得なくなったとするメーカーもあった。 他方，メーカーが背景としてあげている「中国への古紙輸出増加で良質な古紙調達が量・価格両面で困難」については，2000年から2007年にかけての古紙回収量の増加が古紙輸出量の増加を上回っており，疑問である。
技術面の困難さ	再生紙の発売が始まった当初は多少黒っぽい紙でも受け入れられたが，「より白い紙」「両面コピーやカラーコピーにも対応できる紙」等の品質向上に対する圧力が高まったことで，技術的な対応がより困難になった。 しかしながら，現在でもグリーン購入法の判断基準を満足する製品を供給できるメーカーがあることを考えれば，技術面を言い訳にするメーカーは，安易な解決策である偽装を行ったことになる。

出典：日本製紙連合会「古紙配合率問題検討委員会報告書」をもとに作成。

○製紙各社の改善策

　日本製紙連合会の古紙配合率問題検討委員会は，2008年4月2日付報告書において，改善策を報告しています。すなわち，①古紙パルプ等配合率検証制度の創設，②再生紙表示制度の採用，③各社のコンプライアンスの取組，④各取組のフォローアップ，⑤環境保全のための追加貢献です。①においては，従来，再生紙の古紙パルプ配合率がメーカーの自己申告によって取引されていたことを踏まえ，検証制度を整え，今後は再生紙購入企業が自らまたは第三者機関に委託して配合率を確認できるようにしたものです。②においては，従来，再生紙には，古紙パルプの配合率が記載されず，単に「再生紙」とだけ表示されて販売されていたことを踏まえ，今後は最低限保証される古紙パルプ配合率の具体的数値を付記することとし，日本製紙連合会の会員企業は率先してこの表示方法を7月1日から採用するというものです。

○今後の留意点

設問29

　古紙偽装を経験した製紙メーカー各社が今後留意していかなければならないのは，どういう点か，あなたの考えを述べなさい。

(本章の解説の初出：鴻上喜芳「品質表示と企業のリスクマネジメント―食品・強度・環境偽装事件を踏まえて―」『大分大学経済論集』第60巻第4・5号）

CHECK LIST
チェックリスト

- □ 各種偽装事件の原因を理解しましたか。
- □ 各種偽装事件の改善取組を理解しましたか。
- □ 各企業がリスクマネジメントの観点からさらに取り組むべきことを考えてみよう。

参考文献

- インターリスク総研『実践リスクマネジメント第四版』経済法令研究会，2010 年。
- 内田知男『リスクマネジメントの実務—ISO31000 への実務的対応—』中央経済社，2011 年。
- 大泉光一『危機管理学研究第 2 版』文眞堂，2004 年。
- 大羽宏一他『早わかり製造物責任法のすべて』日本経済新聞社，1994 年。
- 大羽宏一編『消費者庁誕生で企業対応はこう変わる』日本経済新聞出版社，2009 年。
- 小佐野広『コーポレート・ガバナンスの経済学』日本経済新聞社，2002 年。
- 甲斐良隆他『リスクファイナンス入門』金融財政事情研究会，2004 年。
- 勝俣良介『ISO22301 徹底解説』オーム社，2012 年。
- 後藤和廣『損害保険講座テキスト リスクマネジメントと保険』損害保険事業研究所，2005 年。
- 小林秀之責任編集『製造物責任法大系Ⅱ』弘文堂，1994 年。
- 下和田功編『はじめて学ぶリスクと保険』有斐閣ブックス，2004 年。
- 損保ジャパン・リスクマネジメント『リスクマネジメント実務ハンドブック』日本能率協会マネジメントセンター，2010 年。
- 谷本寛治『CSR 企業と社会を考える』NTT 出版，2009 年。
- 土屋守章他『コーポレート・ガバナンス論—基礎理論と実際』有斐閣，2003 年。
- デービッド・ボーゲル『企業の社会的責任（CSR）の徹底研究』オーム社，2007 年。
- 鳥羽至英他共訳『内部統制の統合的枠組み理論篇』白桃書房，2006 年。
- 中島茂『その「記者会見」間違ってます！』日本経済新聞出版社，2007 年。
- 日本規格協会編著『対訳 ISO31000 リスクマネジメントの国際規格』2010 年。
- 日本規格協会『ISO22301 社会セキュリティ—事業継続マネジメントシステム—要求事項（英和対訳版）』2012 年。
- 日本規格協会『ISO/DIS22313 社会セキュリティ—事業継続マネジメントシステム—ガイダンス（英和対訳版）』2012 年。
- 日本コーポレート・ガバナンス・フォーラム『OECD コーポレート・ガバナンス 改訂 OECD 原則の分析と評価』明石書店，2006 年。
- 八田進二監訳『全社的リスクマネジメント フレームワーク篇』東洋経済新報社，2006 年。
- リスクマネジメント規格活用検討会編著『ISO31000 リスクマネジメント 解説と適用ガイド』日本規格協会，2010 年。
- ISO/SR 国内委員会監修『日本語訳 ISO26000:2010 社会の責任に関する手引』日本規格協会，2011 年。
- nite『消費生活用製品の誤使用事故防止ハンドブック第 3 版』2007 年。

《著者紹介》

鴻上喜芳（こうがみ・きよし）
　長崎県立大学経済学部准教授（保険論，リスクマネジメント論）

1984 年	京都大学経済学部卒業。
同　年	日本火災海上保険株式会社（現　日本興亜損害保険株式会社）入社。
1998 年	火災新種業務部企業保険課長。
2000 年	九州業務部業務課長。
2001 年	中部業務部業務企画課長。
2004 年	（財）損害保険事業総合研究所出向　研究部　主席研究員。
2006 年	日本興亜損害保険株式会社より大分大学に出向，教授。
2012 年	長崎県立大学経済学部准教授，現在に至る。

主な著書
『保険論トレーニング』創成社，2009 年。
『消費者庁誕生で企業対応はこう変わる（大羽宏一編）』（共著）日本経済新聞出版社，2009 年。

主な論文
「風評被害のリスクマネジメント―農業共済・漁業共済および損害保険による対応を中心に―」（危険と管理第 44 号，2013 年）。
「損害保険会社の CSR」（保険学雑誌第 617 号，2012 年）。
「損害賠償請求ベース約款におけるテールカバー・遡及カバーのあり方」（保険学雑誌第 616 号，2012 年）。
「米国の医療事故賠償責任の状況と保険マーケットの変化」（保険学雑誌第 615 号，2011 年）。
「消費者庁設置の影響と企業のリスクマネジメント」（危険と管理第 41 号，2010 年）。
「保険金不払・支払漏れにおける保険会社のリスクマネジメント」（危険と管理第 38 号，2007 年）。
「リスク・リテンション・グループの台頭―日本の損害保険事業はいかに備えるべきか―」（保険学雑誌第 588 号，2005 年）。

（検印省略）

2013 年 9 月 10 日　初版発行　　　　　　　　　　　　　略称―リスク

リスクマネジメント論トレーニング

　　　　著　者　鴻上喜芳
　　　　発行者　塚田尚寛

発行所　東京都文京区春日 2-13-1　　株式会社　創成社
　　　　電　話 03（3868）3867　　　ＦＡＸ 03（5802）6802
　　　　出版部 03（3868）3857　　　ＦＡＸ 03（5802）6801
　　　　http://www.books-sosei.com　振　替 00150-9-191261

定価はカバーに表示してあります。

©2013 Kiyoshi Kogami　　組版：ワードトップ　印刷：Ｓ・Ｄプリント
ISBN978-4-7944-2416-7 C3034　製本：宮製本所
Printed in Japan　　　　　　落丁・乱丁本はお取り替えいたします。

──── 経営選書 ────

リスクマネジメント論トレーニング	鴻上喜芳 著	1,700円
保険論トレーニング	鴻上喜芳 著	1,500円
図解 コーポレートファイナンスⅠ	森　直哉 著	1,400円
図解 コーポレートファイナンスⅡ	森　直哉 著	1,400円
ファイナンスで学ぶ数式トレーニング	保坂和男 著	1,800円
ファイナンス入門	秋森　弘 皆木健男 著	2,100円
現代企業のM&A投資戦略	安田義郎 著	3,000円
経営財務論	小山明宏 著	3,000円
ファイナンシャル・プラン	中井　誠 依田孝昭 著	1,900円
すらすら読めて奥までわかるコーポレート・ファイナンス	内田交謹 著	2,600円
企業財務の機能と変容	内田交謹 著	2,600円
経営分析と企業評価	秋本敏男 著	2,800円
CSRとコーポレート・ガバナンスがわかる事典	佐久間信夫 水尾順一 水谷内徹也 編著	2,200円
現代経営組織辞典	小林末男 監修	2,500円
転職とキャリアの研究 ―組織間キャリア発達の観点から―	山本　寛 著	3,000円
昇進の研究 ―キャリア・プラトー現象の観点から―	山本　寛 著	3,200円
共生マーケティング戦略論	清水公一 著	4,150円
広告の理論と戦略	清水公一 著	3,800円

(本体価格)

──── 創成社 ────